영어인터뷰, 기내실무영어

항공영어의 모든 것

박인혜 · 최진주 공저

새로미

머리말

그동안 비약적으로 발전해온 항공운송사업으로 인해 각 항공사들은 그들이 원하는 글로벌한 감각과 서비스 마인드를 갖춘 인재를 찾기 위해 더욱 더 총력을 기울이고 있다.

특히 기내에서 다양한 국적을 가진 사람들을 만나게 되는 승무원에게 있어서 영어는 가장 기본적으로 갖추어야 할 능력인 것이다.

이에 '항공영어의 모든 것' 은 저자들이 항공사 승무원 및 항공 서비스학과 교수로 재직하면서 얻은 실무 경험과 노하우를 바탕으로 승무원 지망생들이 꼭 알아두어야 할 내용으로 구성하였다.

본서는 국내 · 외 항공사 입사를 위해 거쳐야 하는 필수 코스인 영어 인터뷰를 잘할 수 있는 노하우 및 성공적인 영어 인터뷰를 위한 모범 답안을 제시하고 있다. 또한 기내에서 자주 사용되는 표현들을 다양하게 기술해 글로벌 시대의 항공사 승무원에게 요구되는 다국적 승객들과의 원활한 의사소통 및 상황에 대한 적절한 대처가 가능하도록 하였다.

영어 인터뷰 파트에서는 성공적인 영어 인터뷰를 위해 반드시 지켜야 할 사항에 대해 안내하였으며, 승무원 영어 인터뷰에서 자주 출제되었던 질문을 선별하여 각각의 질문에 답변 시 주의해야 할 사항 및 모범 답안을 제시하였다. 또한 답변에 나오는 단어와 숙어를 통해 승무원 지망생들 스스로 본인만의 답변을 만드는데 도움이 되도록 하였다.

기내 실무영어 파트에서는 비행기에 탑승하는 순간부터 하기하는 순간까지의 서비스 절차에 따라 내용을 구성하였으므로 기내에서 어떠한 서비스가 이루어지고 어떠한 대화가 필요한지 쉽게 파악할 수 있도록 하였다.

또한 일반적인 손님응대 뿐만이 아니라 기내에서 실제로 발생되는 각종 상황들에 대하여 적절하게 대처하고 표현할 수 있는 대화로 구성하였다.

그리고 부록으로 기내영어방송, 항공용어, 항공사 및 도시 코드 등을 수록하였으므로 항공사를 지망하는 학생들의 전문적인 지식향상에도 도움이 되기를 바란다.

마지막으로 본서의 출판을 위해 애써주신 새로미 출판 이수형 사장님과 이재훈 팀장님께 감사의 마음을 전한다.

2013년 8월

저 자 박인혜 · 최진주

Contents

부록

English Interview

Airline English

Airline English

성공적인 영어 면접을 위해 반드시 지켜야 할 사항

1. '무엇을 말할까' 보다 '어떻게 말할까' 를 고민해라

승무원 영어 면접에서는 '말의 내용' 도 중요하지만 '말하는 방법' 이 훨씬 중요하다. 답변을 유창하게 하는 것에만 치중하지 말고 같은 내용이라도 어떤 표정과 자세, 목소리, 스피드로 이야기할 것인가를 고민해야 한다.

2. 쉬운 단어를 사용해라

예를 들어 '나는 사람들과 잘 어울린다' 를 영어로 표현하고자 할 때 'mingle' (사람들과 섞이다, 어울리다)이라는 흔히 접하기 힘든 단어보다는 'mix' 나 'get along with' 와 같이 쉬운 단어를 사용하는 것이 좋다. 승무원 영어 면접에서는 어려운 단어를 사용해서 어렵게 이야기하는 것보다 쉬운 단어를 사용해서 쉽게 설명하는 것이 중요하다.

3. 100%를 나타내는 단어의 사용을 자제해라

'나는 언제나 시간을 잘 지킨다', '나는 절대 약속에 늦은 적이 없다' 라고 자신 있게 이야기할 수 있는 사람이 얼마나 될까? 이렇듯 Never, Always와 같은 단어들은 자칫 내용의 신빙성을 떨어뜨릴 우려가 있기 때문에 'I try to~', 'I try not to~', 'I usually~' 등으로 바꾸어 사용하는 것이 좋다.

4. Casual한 표현은 자제해라

한국어 면접에서는 절대 그렇지 않으나 영어 면접만 시작하면 왠지 모르게 자세가 흐트러지고 긴장된 마음을 지나치게 풀어버리는 지원자가 간혹 있다. 영어 면접도 한국어 면접과 마찬가지로 최대한 공손한 표현을 사용해야 한다. Gonna, wanna, cause와 같은 표현은 본인의 격을 떨어뜨릴 뿐, 전혀 유창하게 들리지 않는다는 점을 명심하자.

5. 결론부터 이야기 하고 부연 설명을 해라

How나 What 으로 시작하는 질문은 핵심이 되는 내용을 먼저 대답한 후에 부연 설명을 해야 한다. 한국어와는 달리 영어에서는 중요한 내용이 앞에 오는 것을 명심하자. 마찬가지로 Yes나 No를 필요로 하는 질문도 Yes인지 No인지를 확실히 대답한 후에 부연 설명을 해야 한다.

6. 부정적 질문에 대답할 때는 표현을 바꾸어서 대답한다.

예를 들어 'What kinds of people do you hate to work with?' 라는 질문에 대답할 때는 면접관이 사용한 단어 'hate' 를 그대로 사용해 'I hate to work with~' 로 답하기 보다는 'I don't like to work with~' 나 'I am not happy when I work with~' 정도로 바꾸어 대답하는 것이 좋다.

부정적인 질문을 받았을 때는 대답의 내용(What)도 중요하지만 말하는 방식(How) 또한 중요하다는 점을 명심하자.

7. 질문의 의도가 무엇인지 생각한 후 답변해라

너무나 개인적인 질문, 예를 들어 '지난 주말에 무엇을 하셨나요?' 라는 질문을 왜 하는 것일까를 생각해 보자. '집에서 TV보면서 쉬었다' 라는 대답을 한 지원자에 비해 '친구들을 만나 영화를 보고 식사를 했다' 라는 대답을 한 지원자가 훨씬 원만한 인간 관계를 가지고 있고 적극적, 활동적으로 보일 것이다. 면접 중 의미 없이 던지는 질문은 없다. 거의 모든 질문은 Hidden purpose를 가지고 있다는 것을 명심하고 숨겨진 의도를 파악한 후 대답을 준비하자.

8. 꼬리질문에 대비해라

예를 들어 '지난 주말에 영화를 봤습니다' 라고 대답한다면 무슨 영화를 봤는지, 내용은 어땠는지를 물어볼 수 있다. 마찬가지로 '취미가 여행입니다' 라고 했다면 가장 인상 깊었던 여행지나 추천하고 싶은 여행지가 어디인지 물어볼 수 있다. 남이 만들어 준 답안이나 소위 '모범답안' 만 외운 지원자는 그 답변에 따른 꼬리질문에 답하기 힘들다. 본인이 했던 대답에 뒤이어 나올 수 있는 질문들을 예상하고 그에 대한 답변까지 준비해 두도록 한다.

9. 질문을 이해하지 못했을 때는 확실히 물어본 후 대답한다

면접 중에는 긴장하기 마련이므로 간혹 질문을 제대로 듣지 못하거나 이해하지 못하는 경우가 생길 수 있다. 모르는 것을 물어보는 것은 절대 마이너스 요소가 아니다. 하지만 'What?' 이나 'Sorry?' 와 같이 묻는다면 예의 없는 지원자로 비춰져 치명적일 수가 있다. 'May I beg your pardon?' 이나 'I' m afraid I don' t understand. Would you tell me one more time please?' 정도로 공손하게 물어본 후 정확한 대답을 하자.

10. '크게, 천천히, 끝까지' 대답하라

한국어 면접에 비해 아무래도 영어 면접 시에는 더욱 긴장하게 되고 이로 인해 말소리가 작아 지거나, 준비한 답변에 대해서는 말이 빨라지는 경향이 있다. 영어 면접은 영어 레벨 테스트가 아니다. 자신감을 가지고 크게, 천천히, 끝까지 이야기하는 것 만으로도 큰 플러스 요인이 될 수 있다.

Question : Self introduction 자기소개

Check Point!!!

영어 자기소개는 영어 면접뿐 아니라 실무면접이나 임원면접과 같은 한국어 면접 중에도 자주 이루어진다. 저자는, 한국어 자기소개는 아주 열심히 준비하면서도 영어 자기소개는 아예 준비하지 않거나 준비된 정도가 굉장히 미흡한 지원자가 의외로 많아 놀랐던 적이 있다. 한국어 자기소개만큼이나 영어 자기 소개는 가장 중요함과 동시에 가장 기본적이기 때문에 많은 연습을 통해 자연스럽게 이야기할 수 있도록 해야 한다.

자기 소개 준비 시 유의할 사항은 다음과 같다.

1. 나이, 사는 곳, 고향, 가족 관계는 이야기하지 않는다(아무도 궁금해 하지 않는다).
2. 최장 1분을 넘지 않도록 준비한다(너무 길어지면 다른 지원자에게 피해를 준다).
3. 서론, 본론, 결론에 맞게 이야기한다.
4. 너무 많은 내용을 말하려 하지 말고 중요한 내용 2~3가지만 간추려 이야기한다.

*** 서론 ***

1. 인사

예) It is nice to meet you.

만나 뵙게 되어 반갑습니다.

I' m pleased to meet you.

만나 뵙게 되어 반갑습니다.

It is my pleasure to meet you.

만나 뵙게 되어 반갑습니다.

2. 이름

예) My name is jin-ju choi.

('I' m jin-ju choi' 는 다소 casual하게 들리므로 가급적 사용하지 않도록 한다)

제 이름은 최진주입니다.

*** 본론 ***

1. 전공

예) I majored in ~.

저는 ~을 전공했습니다.

I major in OOO at OO university.

저는 OO 대학에서 OOO을 전공하고 있습니다.

My major is ~.

제 전공은 ~입니다.

I double majored in ~ and ~.

저는 ~과 ~을 복수 전공했습니다.

2. 경력, 동아리 활동, 아르바이트, 어학연수, 자원봉사 경험

예) I had many part time jobs such as '구체적 아르바이트 경험' for '기간'.

저는 ~얼마 동안 ~아르바이트를 한 경험이 있습니다.

I did voluntary work at 어디 for 기간.

저는 ~에서 ~얼마 동안 자원 봉사를 했습니다.

I studied English in the States for 기간.

저는 미국에서 ~얼마 동안 영어 공부를 했습니다.

I did many activities at school club.

저는 학교 동아리에서 많은 활동을 했습니다.

Tip

단, 2번에서 제시된 내용 중 내세울만한 경력, 경험이 부족하거나 아예 없는 경우는 본인의 성격이나 원만한 인간 관계 등으로 내용을 대신할 수 있다.

3. 2에서 말한 경험을 통해 느끼거나 배운 점

예) Through this experience, I found myself to be well-harmonized.

이 경험을 통해 제 자신이 조화로운 사람임을 알게 되었습니다.

I realized that I had a talent for service field.

제가 서비스 분야에 재능이 있음을 알게 되었습니다.

From this experience, I could learn service mind and team work.

이 경험을 통해 서비스 마인드와 팀워크를 배울 수 있었습니다.

I' m sure it would be very helpful experience for me to work as a flight attendant.

이 경험이 승무원으로 근무하는데 매우 도움이 될 것이라 확신합니다.

* * * 결론 * * *

간단한 포부나 감사의 인사

예) I sincerely hope to be the best flight attendant here in Korean Air.

이 곳 대한항공의 최고의 승무원이 되기를 진심으로 희망합니다.

I hope I can fully show you who I am.

제가 어떤 사람인지 충분히 보여드리기를 희망합니다.

Thank you for giving me a chance for this interview.

인터뷰 기회를 주셔서 감사합니다.

Thank you for listening.

들어 주셔서 감사합니다.

Example 1

It is very nice to meet you. My name is Jin-Ju Choi. I majored in English and English literature. When I was in university, I stayed in Australia for one year to study English.

From foreign experience, I could be more open-minded and I could learn how to treat people with various back grounds and cultures. I' m sure it would be very useful experience when I work for Korean Air. Thank you for giving me a chance for this interview and I hope to fully show you who I am.

만나 뵙게 되어 반갑습니다. 제 이름은 최진주입니다. 저는 영어영문학을 전공했습니다. 대학 시절 영어 공부를 위해 호주에 1년간 머물렀습니다. 외국 생활을 통해 더욱 열린 마음을 가지게 되었고 다양한 배경과 문화를 가진 사람들을 대하는 법을 배울 수 있었습니다. 그것은 제가 대한항공을 위해 근무할 때 매우 유용한 경험이 될 것이라 확신합니다. 인터뷰 기회를 주셔서 감사 드리며 제가 어떤 사람인지 충분히 보여드리기를 희망합니다.

Example 2

I' m pleased to meet you. My name is Jin-Ju Choi. I double majored in Education and Sociology. When I was a student, I had various part time jobs in service field. Also I did voluntary work regularly at orphanage for about two years. Through these experiences I realized that I had a talent for service field. Also I could learn how important teamwork is.

That is why I am here to make my dreams come true. I sincerely hope to be the best flight attendant here in Korean Air. Thank you very much for listening.

만나 뵙게 되어 반갑습니다. 제 이름은 최진주입니다. 저는 교육학과 사회학을 복수 전공했습니다. 학창 시절, 저는 서비스 분야에서의 다양한 아르바이트를 경험했습니다. 또한 약 2년 간 고아원에서 정기적으로 자원 봉사를 했습니다. 이런 경험들을 통해 제가 서비스 분야에 재능이 있음을 알게 되었습니다. 또한 팀워크가 얼마나 중요한지도 배울 수 있었습니다. 그것이 바로 제 꿈을 실현하고자 제가 이 자리에 있는 이유입니다. 이곳 대한항공의 최고의 승무원이 되기를 진심으로 희망합니다. 들어주셔서 대단히 감사합니다.

What is your answer?

Question : Why do you apply for this position? 지원동기

Check Point !!!

자기 소개와 더불어 가장 기본적으로 준비해야 함과 동시에 대답하기 까다로운 질문 중 하나가 바로 지원동기이다. 물론 정답은 없다. 하지만 승무원의 업무 자체보다 승무원이라는 직접에 부수적으로 따라오는 요소들, 예를 들어 여행이나 각종 복지 등 소위 ' 잿밥에 관심이 있다' 는 느낌을 주는 답변이나 '승무원이라는 직업에 대한 정확한 이해도가 부족한 느낌' 을 주는 답변은 피하는 것이 좋다.

〈피해야 할 답변 예〉

1. 여행을 좋아해서
2. 평생 직장 혹은 전문직이라고 생각해서
3. 복지가 좋아서
4. 주변 사람들의 추천

Example 1

I am active and outgoing. So I want a job with many opportunities to meet various people. I' m sure this job meets my aptitude.

저는 활동적이고 외향적입니다. 그래서 다양한 사람들을 많이 만날 수 있는 기회를 가진 직업을 갖기를 희망합니다. 저는 이 직업이 제 적성에 맞다고 확신합니다.

Example 2

From various part time experiences, I found my talent for service field. I' m sure this job meets my aptitude and I could work happily. That' s why I apply for this position.

저는 다양한 아르바이트 경험을 통해 서비스 분야에서 저의 재능을 발견했습니다. 이 직업이 제 적성에 맞고 따라서 행복하게 일할 수 있다고 확신합니다. 그것이 제가 지원한 이유입니다.

Example 3

I majored in Tourism Management. I'd like to make full use of what I learned and experienced. Also I'm sure I would enjoy this job and it would make passengers happy.

저는 관광경영을 전공했습니다. 제가 배우고 경험한 것을 최대한 활용하기를 희망합니다. 또한 제가 즐기면서 일을 할 수 있다고 생각하며 그로 인해 승객들을 행복하게 해 드릴 수 있을 것이라 확신합니다.

Example 4

When I was in university, I did many voluntary works in charity. It was happy and worthy experience. I'd like to be helpful with those who need my assistance.

대학 시절, 자선 단체에서 많은 봉사활동을 했습니다. 그것은 행복하고 값진 경험이었습니다. 저는 저의 도움을 필요로 하는 분들께 도움이 되어 드리고 싶습니다.

What is your answer?

Question : Why do you apply for this company?
왜 우리 회사에 지원하셨습니까?

Check Point !!!

승무원 지원 동기인 'Why do you apply for this position?' 과 구분해야 한다. 수많은 항공사 중에 왜 우리 회사인지를 묻는 질문이다. 단순히 '이 회사가 유명하기 때문에' 라던가 '최고의 항공사여서' 와 같이 추상적인 대답은 적절치 않다. 지원한 항공사에 대한 구체적인 사실, 수상 경력 등에 대한 칭찬을 한 후 '이러한 훌륭한 항공사에서 앞으로 내가 어떻게 하겠다' 는 식의 본인에 관한 언급, 즉 포부를 밝혀야 한다.

Example 1

Korean Air is known for the best service in aviation industry. I would be very proud of being a member of the best company. Also I' m sure I could improve myself in this company. That is why I apply for Korean Air.

대한항공은 항공 업계에서 최고의 서비스로 알려져 있습니다. 제가 최고의 항공사의 일원이 된다면 매우 자랑스러울 것입니다. 또한 이 회사에서 제 자신을 발전시켜 나갈 수 있을 것이라 확신합니다. 그것이 바로 제가 대한항공에 지원한 이유입니다.

Example 2

Based on my strength and various experiences in service field, I' m sure I can be an asset in this company. Also Asiana Airlines is very famous for high quality service. I would like to be the best employee in this company. That is why I apply for this company.

저의 장점과 서비스 분야에서의 다양한 경험을 바탕으로 제가 이 회사의 인재가 될 수 있을 것이라 확신합니다. 또한 아시아나 항공은 높은 수준의 서비스로 유명합니다. 이 회사에서 최고의 승무원이 되고 싶습니다. 그것이 제가 이 회사에 지원한 이유입니다.

Example 3

For a long time, one of my dreams has been being a capable flight attendant. I apply for Asiana Airlines because I hope to make my dreams come true in a promising and outstanding company which is famous for the best service.

오랫동안 제 꿈은 능력 있는 승무원이 되는 것이었습니다. 최고의 서비스로 유명한 전도유망하고 우수한 아시아나 항공에서 제 꿈을 이루고 싶어서 지원하게 되었습니다.

What is your answer?

Question :
The most important qualification as a flight attendant
승무원에게 가장 중요한 자질

Check Point !!!

승무원이 갖추어야 하는 자질은 서비스 마인드, 건강, 외국어 실력 등 여러 가지이다. 가장 중요하다고 생각하는 자질을 이야기한 후 왜 가장 중요하다고 생각하는지, 또는 그러한 자질을 갖추기 위해 어떤 노력을 하고 있는지 답변하도록 하자.

Example 1

I think service mind is the most important qualification working as a flight attendant. I found my talent for service field through lots of part time experiences in my school days. So I'm sure I'm qualified for this position.

승무원으로 일하는데 가장 중요한 자질은 서비스 마인드라고 생각합니다. 저는 학창 시절에 했던 많은 아르바이트 경험을 통해 서비스 분야에서 제 재능을 발견했습니다. 그래서 저는 제 자신이 이 직업에 적합하다고 생각합니다.

Example 2

Health is the most important qualification because this job is physically hard due to irregular schedule. So I try to exercise regularly and to have balanced food to keep healthy.

건강이 가장 중요한 자질이라고 생각합니다. 왜냐하면 이 직업은 불규칙한 스케쥴로 인해 육체적으로 힘들기 때문입니다. 그래서 저는 건강을 유지하기 위해 규칙적으로 운동하고 균형 잡힌 음식을 먹으려 노력합니다.

What is your answer?

Question :

Do you believe you are qualified for this position?

본인이 승무원이 되기에 필요한 자격을 갖추었다고 생각합니까?

Check Point!!!

승무원이 되기에 필요한 자질 즉, 성격이나 경험, 외국어 실력 등을 이야기한 후 어떤 이유에서 스스로 자격을 갖추었다고 생각하는 지 덧붙인다.

Example 1

I believe flight attendant should be healthy, kind and patient. Based on my physical strength, personality and working experience in service field, I' m sure I' m qualified for this position.

승무원은 건강하고 친절하며 인내심을 가져야 한다고 생각합니다. 저의 체력과 성격 그리고 서비스 분야에서의 업무 경험을 바탕으로 제가 이 직업에 자격을 갖추었다고 확신합니다.

Example 2

A flight attendant should mix well with anyone. Also I think he/she should enjoy meeting various people. Based on my outgoing and active personality, I think I' m the one you are looking for.

승무원은 누구와도 잘 어울릴 수 있어야 합니다. 또한 다양한 사람들을 만나는 것을 즐겨야 한다고 생각합니다. 저의 밝고 활발한 성격을 바탕으로 제가 귀사가 찾는 사람이라고 생각합니다.

What is your answer?

Question :
Demerits of working as a flight attendant
승무원으로 일할 때의 단점

Check Point !!!

요즘 면접의 경향 중 하나가 'Negative question'이다. 지원자의 '장점'보다는 '단점'을 자주 물어보며 '직업의 장점'보다는 '직업의 단점'을 더 자주 물어본다. 또한 이 항공사의 장점보다는 단점이나 개선할 점을 많이 물어본다(항공사의 단점, 개선할 점, 우리 항공사 승무원들의 개선할 점에 관한 질문은 한국어 면접에서 자주 출제되므로 한국어 답변을 반드시 준비해 두도록 하자). 승무원이라는 직업에 대해 환상만을 가지고 있지는 않는지, 이 직업에 대해 제대로 이해하고 있고 직업의 장점뿐 아니라 단점까지도 알고 있는지, 나아가 직업의 단점을 극복할 준비가 되어 있는지를 알고자 하는 의도이다. 단, 밑에 언급될 단점을 모조리 나열하다 보면 지나치게 부정적인 느낌을 줄 우려가 있으므로 한 개 정도만 언급한 후 그러한 단점을 극복할 준비가 충분히 되어 있음을 밝혀주자.

Example 1

Every job has merits and demerits. I think this job is physically hard because of irregular schedule. But by exercising regularly and steadily, I would try to overcome.

모든 직업은 장점과 단점을 가지고 있다고 생각합니다. 제 생각에 이 직업은 불규칙한 스케쥴로 인해 육체적으로 힘들 것이라 생각합니다. 하지만 규칙적이고 꾸준한 운동을 통해 극복하고자 노력하겠습니다.

Example 2

Every job has demerits, I think. This job would be a bit hard because I should keep smiling all the time even when I treat upset passenger. But it' s also part of my duty. I' m fully aware of it and I' m sure I could handle any situation.

모든 직업에는 단점이 있게 마련입니다. 이 직업은 화난 승객을 대할 때도 미소를 유지해야 한다는 것이 조금 힘들 것이라 생각됩니다. 하지만 그것 역시 제 임무의 일부입니다. 이를 완벽히 숙지하고 있으며 어떤 상황에서도 잘 처리해 나갈 것이라 믿습니다.

Example 3

I think this job is physically hard because flight attendant has to work long hours from time to time. So I would try to overcome this by working out regularly.

제가 생각하기에는 이 직업은 신체적으로 다소 힘들 것 같습니다. 왜냐하면 승무원은 때때로 오랜 시간 근무해야 하기 때문입니다. 따라서 저는 규칙적인 운동을 통해 이 점을 극복하고자 노력할 것입니다.

Example 4

Flight attendant should smile all the time even if they are physically demanding. But it is a part of this job and I 'm fully ready to overcome it.

승무원은 몸이 아프거나 힘들 때에도 미소를 지어야 합니다. 하지만 이 점은 이 직업의 일부분이므로 저는 이를 극복할 준비가 충분히 되어 있습니다.

What is your answer?

Question
Why should I hire you?
왜 당신을 채용해야 합니까?

Check Point !!!

한국어로 직역하면 자칫 기분 나쁘게 들릴 수도 있는 질문이지만, 본인의 장점이나 서비스 분야에서의 다양한 경험, 폭넓은 지식, 포부 등을 이야기하는 기회로 삼으면 된다. 다만 결론을 'That is why you should hire me' 라고 하면 다소 무례하게 들릴 우려가 있으니 부드러운 표현으로 바꾸도록 한다. (외국 항공사에서 흔하게 나오는 질문이니 외국 항공사에 지원할 계획이 있는 분들은 꼭 영어로 답을 준비하도록 하자. 국내 항공사에서는 영어보다는 한국어 질문의 비중이 더 높다)

Example 1

I have various experiences in services field and these experiences would be very useful when I work as a flight attendant. From these experiences I learned how to treat customers politely and how to meet their needs quickly. So I believe I' m suitable for this position.

저는 서비스 분야에서의 다양한 경험을 가지고 있고 이러한 경험들은 승무원으로 일하는데 아주 유용할 것입니다. 이런 경험들로부터 저는 손님들을 공손하게 대하는 법과 그들의 요구를 신속히 들어드리는 방법을 배웠습니다. 그래서 저는 제가 이 직업에 적합하다고 생각합니다.

Example 2

My major is tourism management. Based on my knowledge from major and my outgoing personality, I' m absolutely sure I can contribute to this company.

제 전공은 관광 경영입니다. 제가 전공을 통해 배운 지식과 외향적인 성격을 바탕으로 생각해 볼 때, 제가 이 회사에 기여할 수 있을 것이라 확신합니다.

Example 3

I have worked in a restaurant over 2 years. Based on what I learned in there which are service skill and teamwork, I think I can be an asset here in Korean Air.

저는 레스토랑에서 2년 넘게 근무했습니다. 제가 그곳에서 배운 서비스 스킬과 팀워크를 바탕으로 이 곳 대한항공의 인재가 될 수 있을 것이라 생각합니다.

What is your answer?

Question : Strength 장점

Check Point !!!

'strength', 'strong point', 'personality' 모두 같은 내용의 대답이 가능하다. 장점을 대답할 때 'I'm outgoing, positive and active'와 같이 단순히 열거만 하는 것은 의미가 없다. 본인의 대표적인 장점을 언급한 후 그에 따른 에피소드나 부연 설명을 덧붙이고 '이러한 장점이 승무원으로 일 하는데 도움이 될 것이다' 혹은 '이러한 장점을 바탕으로 어떻게 일을 해 나가겠다'는 식으로 결론을 맺어주는 것이 좋다.

장점을 이야기할 때 유용하게 사용할 수 있는 표현은 다음과 같다.

- Active 활동적인, 적극적인
- Caring 자상한
- Cautious 조심성 있는, 신중한
- Considerate 사려 깊은, 신중한
- Dedicated 헌신적인, 열심인
- Diligent 부지런한, 성실한
- Friendly 다정한, 친근한
- Passionate 열정적인
- Positive 긍정적인
- Optimistic 낙관적인
- Outgoing 외향적인, 사교적인
- Polite 예의 바른
- Responsible 책임감 있는
- Tolerant 참을성 있는
- Understanding 이해심 많은

Example 1

I get along well with people. I try to build up good relationships with many people. And usually I make friends faster and easier than others. That is why many people are always around me.

저는 사람들과 잘 어울리며 많은 사람들과 좋은 관계를 쌓으려 노력합니다. 그리고 다른 사람들에 비해 빠르고 쉽게 친구들을 사귀는 편입니다. 그것이 바로 제 주위에 언제나 많은 사람들이 있는 이유입니다.

Example 2

My strength is that I am positive. Of course I cannot always be happy but I try to look on the bright side of things. With my positive and bright personality, I would like to offer the best service to passengers of Asiana Airlines.

제 장점은 긍정적인 면입니다. 물론 언제나 행복할 수는 없지만 어떠한 일의 밝은 면을 보려고 노력합니다. 저의 긍정적이고 밝은 성격을 바탕으로 아시아나 항공을 이용하시는 승객들께 최고의 서비스를 제공해 드리고 싶습니다.

What is your answer?

Question : Weakness 단점

Check Point !!!

'strength' 보다 대답하기는 더 힘들지만 오히려 더 자주 물어보는 질문이 바로 'weakness' 이다. '화가 났을 때 표정 관리가 어렵다', '직언을 하는 편이다' 와 같이 승무원으로서 치명적인 단점을 이야기 하는 것은 곤란하다. '잠버릇이 나쁘다', '물만 먹어도 살이 찐다' 와 같이 단점 같지 않은 단점을 이야기 하는 것도 면접관이 원하는 대답이 아니기 때문에 적절치 않다. 본인의 단점을 적절한 수준에서 솔직히 이야기 하되 이를 극복하기 의한 노력을 이야기하는 것이 좋다. 너무 직접적으로 단점을 이야기하기 보다는 'sometimes' (때로), 'rather' (다소), 'a bit' (약간), 'tend to' (~하는 경향이 있다) 등의 표현을 사용하여 단점이 갖는 부정적인 이미지를 낮춰주도록 한다. 단점이지만 장점이 될 수도 있다는 식으로 이야기를 풀어 가는 것도 좋은 방법이다.

유용한 표현

- Conservative 보수적인
- Forgetful 잘 잊어버리는
- Hasty 서두르는
- Indecisive 우유부단한
- Passive 수동적인
- Perfectionist 완벽주의자
- Shy 수줍어하는
- Timid 소심한, 내성적인
- Not good at rejecting 거절을 못한다
- Care too much what others say 남들의 이야기에 지나치게 신경

을 쓴다.

Example 1

Sometimes it takes too much time when making decision. But once I make the decision, I don't look back and get on with the work.

결정을 내릴 때 때로는 너무 많은 시간이 걸리기도 합니다. 하지만 일단 결정을 내리고 나면 뒤돌아보지 않고 매진합니다.

Example 2

I'm not good at rejecting. But I know there are many situations that I can't accept. So I try to distinguish what I can and what I can't. So if necessary, I try to reject, but very politely not to hurt others.

저는 거절을 잘 못합니다. 하지만 제가 할 수 없는 많은 상황들이 있다는 것은 알고 있습니다. 그래서 제가 할 수 있는 것과 할 수 없는 것을 구별하려고 노력하고 있습니다. 그래서 필요한 상황에서는 상대방의 기분을 상하지 않게 정중한 방법으로 거절하려고 노력합니다.

Example 3

I'm rather hasty. Because of this, sometimes I make a mistake. So I try to have time to think one more time before starting something. On the other hand, it helps me to complete what I have to do faster than others and before the deadline.

저는 다소 성격이 급합니다. 그것 때문에 간혹 실수를 저지르기도 합니다. 그래서 무슨 일을 시작하기 전에 다시 한 번 생각하는 시간을 가지려 노력합니다. 반면에 이런 성격은 제가 해야 할 일을 다른 사람들에 비해 더 빠르게 처리하거나 마감일 전에 일을 처리하는데 도움이 되기도 합니다.

What is your answer?

Question : How did you prepare for this interview?
어떻게 인터뷰를 준비하셨습니까?

Check Point!!!

승무원 학원을 다녔던 분들의 경우 단순히 학원에서 면접 준비와 스마일 연습을 했다고만 대답하면 곤란하다. 앞서 했던 혹은 앞으로 할 모든 대답이 본인의 생각이 아니라 마치 면접 강사로부터 첨삭 지도를 받아서 하는 듯한 인상을 주기 때문이다. 굳이 학원을 언급하려면 '좋은 서비스란 무엇인가', '승무원의 책임과 근무 환경' 혹은 '고객 만족과 올바른 고객 응대 방법' 에 관한 수업을 통해 승무원이라는 직업을 제대로 이해할 수 있게 되었다고 하는 편이 좋다.

Example 1

I tried hard to be qualified for this position. Every morning I search on the internet for information and knowledge regarding this job. Also I studied English and Japanese hard which are very essential for this position.

이 직업에 자격을 갖추고자 열심히 노력했습니다. 매일 아침 인터넷 검색을 통해 이 직업에 관한 정보와 지식을 얻고자 했습니다. 또한 승무원에게 매우 필수적인 영어와 일본어를 열심히 공부했습니다.

Example 2

I think this job would be physically hard. So to improve my health, I go to fitness center almost every morning. Also, to know how to treat customers politely, I've been working for 2 years in service field. I believe these would help me a lot if I would work for Asiana Airlines.

제가 생각하기에 이 직업은 체력적으로 힘들 것 같습니다. 그래서 체력 향상을 위해 저는 거의 매일 아침 fitness center에 갑니다. 또한 손님들을 공손하게 대하는 법을 익히고자 2년 간 서비스 분야에서 근무하고 있습니다. 이러한 노력들은 제가 훗날 아시아나 항공에서 근무하게 되었을 때 굉장히 도움이 될 것이라 믿습니다.

What is your answer?

Question : Life motto 생활 신조

Check Point !!!

본인의 생활 신조를 이야기 하되 상투적인 문구나 인터넷 등에서 베낀 것은 수많은 지원자들이 이미 이야기 한 것이기 때문에 가급적 하지 않는 편이 좋다. 저자의 경험에 비추어 보았을 때 지원자들이 가장 많이 이야기하는 생활 신조는 'No pain, no gain' 과 'Do my best' 이다. 상투적이고 지겨울뿐더러 성의 없어 보이기 때문에 피하도록 한다.

본인의 생활 신조를 밝힌 후 이를 지키기 위해 어떤 노력들을 하고 있는지를 덧붙인다.

Example 1

My life motto is 'No regret'. It means I do my best whatever I do not to regret later. To keep my motto, I try to be careful and considerate when making decision. I believe my life motto would be very helpful when I work as a flight attendant.

제 생활 신조는 '후회하지 말자' 입니다. 나중에 후회하지 않기 위해 무슨 일이든 최선을 다하자는 뜻입니다. 이를 지키기 위해 어떤 결정을 내릴 때 신중하고 사려 깊게 행동하고자 노력합니다. 이러한 제 생활 신조가 훗날 승무원으로 근무할 때 큰 도움이 될 것이라 믿습니다.

Example 2

My life motto is 'Enjoy my life'. I know it is not always possible to be happy about everything. But I try to look on the bright side of things. With my life motto, I'm sure I could enjoy working for Asiana Airlines.

제 생활 신조는 '인생을 즐기자' 입니다. 모든 것에 행복해 하는 것이 언제나 가능하지 만은 않다는 것을 알고 있습니다. 하지만 저는 어떤 일의 밝은 면을 보려고 노력합니다. 이런 긍정적인 마인드를 가지고 아시아나 항공에서 즐겁게 일할 수 있을 것이라 확신합니다.

What is your answer?

Question ; Hometown 고향

Check Point !!!

고향에 대해 이야기할 때는 단순히 본인이 태어나기만 한 곳보다는 본인이 자라난 곳, 가장 오랜 시간을 보낸 곳에 대해 이야기하도록 하자. 유명한 축제나 관광지, 즐길 거리나 유명한 먹거리 등에 대해 소개한 후 '초대하고 싶다' 혹은 '추천해 드리고 싶다' 등으로 결론짓도록 한다. 고향이 서울인 경우 서울에 대한 전반적인 이야기를 할 수도 있고 뚜렷한 특징이 있는 곳이라면 '서울의 무슨 동' 하는 식으로 조금 더 구체적으로 이야기를 풀어 나갈 수도 있다.

Example 1

I was born in Yeosu but I grew up in Gwangju until high school. Gwangju is famous for art and food. So art festival 'Biennale' is held every 2 years and Kimchi festival is held every year. I'd like to invite you to my beautiful hometown, Gwangju.

저는 여수에서 태어났지만 고등학교 졸업 시까지 광주에서 자랐습니다. 광주는 예술과 음식으로 유명합니다. 그래서 예술 축제인 '비엔날레'가 2년에 한 번 개최되고, 김치 축제가 매년 열립니다. 제 아름다운 고향 광주로 초대하고 싶습니다.

Example 2

My hometown is Seoul, the capital of Korea. It has long history over 600 years. So there are a lot of historical places such as Gyeongbokgung Palace and Changdeokgung Palace. I'm proud of my home town.

제 고향은 대한민국의 수도인 서울입니다. 서울은 600년 이상의 오랜 역사를 가지고 있습니다. 그래서 경복궁이나 창덕궁과 같은 역사적인 장소들이 많이 있습니다. 저는 제 고향 서울이 자랑스럽습니다.

Example 3

I'm from Jeju Island. It is known for beautiful scenery and many tourist attractions. Various seafood and black pork are also popular. That is why so many foreign tourists visit there. If you have chance, please visit Jeju Island.

제 고향은 제주도입니다. 제주도는 아름다운 경치와 많은 관광 명소로 알려져 있습니다. 다양한 해산물과 흑 돼지 또한 유명합니다. 그것이 바로 많은 외국 관광객들이 제주를 방문하는 이유입니다. 기회가 되신다면 제주도에 방문해 주십시오.

What is your answer?

Question : How are you? 기분이 어떠신가요?

Check Point !!!

외국인 면접의 경우 보자마자 자기 소개나 지원 동기를 묻는 경우는 거의 없고 'How are you?' 정도로 가볍게 이야기를 시작하게 마련이다. 너무나 간단해 보이는 질문이지만 의외로 적당한 대답을 하지 못해 우물쭈물하는 지원자가 상당히 많다. 대화를 여는 질문이니만큼 무난하고 적절한 대답을 준비하되 너무나 판에 박힌 대답인 'I'm fine. Thank you. And you?' 는 가급적 피하자.

Example 1

I feel good. Thank you.

좋습니다. 감사합니다.

Example 2

I feel great today. Thank you.

오늘 기분 좋습니다. 감사합니다.

Example 3

I'm excited to be here. Thank you.

이 자리에 오게 되어 기쁩니다. 감사합니다.

Example 4

I'm a bit nervous but I'm sure I will calm down soon. Thank you.

약간 긴장되지만 곧 나아질 것으로 생각합니다. 감사합니다.

What is your answer?

Question : How did you get here?
어떻게 오셨습니까?

Check Point !!!

한국어와 영어 모두 굉장히 자주 받는 질문 중 하나이다. 당연히 정답이나 모범 답안은 없지만 '어머니가 태워다 주셨다', '택시 타고 왔다', '직접 운전해서 왔다'는 등의 대답은 가급적 피하도록 한다. 이 질문과 함께 자주 나오는 'How long did it take to get here?' (오는데 얼마나 걸리셨습니까?)는 다음에 나올 예시 문장의 앞뒤만 바꿔서 이야기 하면 된다.

Example 1

I got here by bus and it took about 30 minutes.
버스를 타고 왔으며 약 30분 소요되었습니다.

Example 2

I took subway line number 5 and it took about 40 minutes.
지하철 5호선을 이용했으며 약 40분 걸렸습니다.

Example 3

I took subway line number 2 and transferred to line number 5 at 까치산 station.
지하철 2호선을 타고 오다가 까치산역에서 5호선으로 갈아탔습니다.

What is your answer?

Question : What have you done so far since you got up this morning?
오늘 아침부터 지금까지 무엇을 하셨습니까?

Check Point!!!

별 의미가 없어 보이지만 의외로 자주 물어보는 질문이니 꼭 준비하도록 한다. 특히 여성 지원자의 경우 면접 당일 날 아침, 미용실에서 메이크업이나 머리 손질을 받았다고 하는 경우가 많은데, 사실 그러한 대답이 마이너스로 작용하지는 않겠지만 그다지 득이 될 것도 없다. 아침을 먹은 후 가벼운 운동을 했다거나 신문, 뉴스를 본 것 위주로 대답하면 된다. 면접 장소에 일찍 도착해서 최종 점검을 하며 마음의 준비를 했다는 이야기를 덧붙여도 좋다.

Example 1

I got up 6 o' clock this morning. After stretching, I had breakfast with my family. It took about 1 hour to get here by subway. I arrived here 1 hour ago and before I came in, I reviewed my note.

저는 오늘 아침 6시쯤 일어났습니다. 스트레칭을 한 후 식구들과 아침을 먹었습니다. 지하철을 이용해서 이 곳에 오는데 약 1시간 정도 소요되었습니다. 저는 1시간 전쯤 도착했고 들어오기 전 노트를 다시 한 번 읽어봤습니다.

Example 2

In the morning I searched on the internet to check my e-mail, weather and articles as usual. After having breakfast, I left home and arrived here 1 hour ago. While waiting, I had a cup of hot tea to calm down.

평소처럼 인터넷으로 제 이메일과 날씨, 기사들을 검색했습니다. 아침을 먹은 후 집을 출발하여 이곳에 1시간 전에 도착했습니다. 기다리면서 긴장을 풀고자 뜨거운 차를 한 잔 마셨습니다.

What is your answer?

Question : What did your parents tell you this morning?
오늘 아침 부모님께서 뭐라고 하셨습니까?

Example 1

My parents always support me a lot. They advised me to calm down and be nice during the interview.

제 부모님께서는 언제나 저를 지지해 주십니다. 부모님께서는 인터뷰 중에 긴장하지 말고 잘 보라고 말씀해 주셨습니다.

Example 2

Both of my parents encouraged me a lot. They told me to do my best and wished me good luck.

제 부모님께서는 저를 많이 격려해 주셨습니다. 부모님께서는 제게 최선을 다하라고 말씀해 주셨고 행운을 빌어 주셨습니다.

What is your answer?

Question : How do you study English?
영어 공부 어떻게 하십니까?

Check Point !!!

요즘은 국내선 비행에서도 다수의 외국인들을 접하게 된다. 하물며 국제선에서 근무한다면 영어의 중요성은 두말 할 나위도 없다. 갈수록 외국인 승객의 비율이 높아지는 만큼 승무원에게 외국어 회화 실력은 기본이라 할 수 있다.

높은 토익 점수도 물론 중요하지만 실제 근무 시에는 실질적인 회화 능력이 더욱 중요하기 때문에, 회화 능력 향상을 위해 listening과 speaking연습을 꾸준히 하고 있다고 대답한다.

Example 1

I go to English conversation class 3 times a week. It helps a lot to improve English skill.

저는 일주일에 세 번 영어 회화 학원에 갑니다. 영어 실력 향상에 큰 도움이 됩니다.

Example 2

I watch movies and dramas without subtitle. And in the subway or bus I read English novels to keep my English skill.

저는 자막 없이 영화나 드라마를 봅니다. 그리고 영어 실력 향상을 위해 지하철이나 버스에서는 영어로 된 소설을 읽습니다.

Example 3

I write a dairy in English every evening. Also I like to watch American sitcom to improve listening skill.

저는 매일 저녁 영어로 일기를 씁니다. 또한 듣기 실력 향상을 위해 미국 시트콤 보는 것을 좋아합니다.

What is your answer?

Question : What do you think of your English?
본인의 영어 실력이 어떻다고 생각하십니까?

Check Point !!!

간혹 본인의 영어 실력을 'bad' 혹은 'terrible' 이라고 대답하는 지원자가 있다. 설령 아무리 본인의 영어 실력이 많이 부족하다 해도 '아주 못한다', '자신 없다' 등의 자신감 없는 대답은 바람직하지 않다. '그다지 잘하지는 않지만 업무에 필요한 정도는 할 수 있다' 라고 하거나 '아직 부족하지만 꾸준히 노력하고 있다' 는 식으로 대답하는 것이 좋다.

Example 1

I think my English is not that bad because I study English hard and steadily.

저는 영어를 열심히 그리고 꾸준히 공부하기 때문에 영어 실력이 그렇게 나쁘진 않다고 생각합니다.

Example 2

I'm afraid my English is not that good but it is getting better, I believe. Because I go to English conversation class 3 times a week and write a diary in English to improve English skill.

제 영어 실력이 그렇게 좋진 않지만 나아지고 있다고 생각합니다. 왜냐하면 영어 실력 향상을 위해 일주일에 3번 회화 학원을 가며 영어로 일기도 쓰기 때문입니다.

Example 3

I cannot speak English very fluently but I can communicate with foreigners without big problem.

영어를 아주 유창하게 구사하지는 못하지만 외국인들과 의사 소통하는 데 큰 문제는 없습니다.

What is your answer?

Question : What is your major? 전공이 무엇입니까?

Example 1

I majored in Aviation Tourism.

저는 항공관광을 전공했습니다.

Example 2

I majored in English and English literature.

저는 영어영문을 전공했습니다.

Example 3

My major is Tourism Management.

제 전공은 관광경영입니다.

Example 4

I double majored in Psychology and Sociology.

저는 심리학과 사회학을 복수전공 했습니다.

Example 5

I majored in Architecture and minored in Business Administration.

저는 건축학을 전공하고 경영학을 부전공 했습니다.

What is your answer?

Question : Why did you choose this major?
왜 이 전공을 선택했습니까?

Check Point!!!

현재 학생이거나 학교를 졸업한 지 얼마 되지 않은 지원자들은 사회 경험이 적기 때문에 경력에 관한 질문보다는 학교 생활이나 전공에 관한 질문을 많이 한다. 본인의 전공이 승무원이라는 직업과 직접적으로 관련 없는 경우 억지로 연관시킬 필요는 없다.

다만, '부모님 혹은 선생님의 추천으로 전공을 선택했다' 혹은 '앞으로 전망이 좋을 것이라 생각해서 선택했다' 는 답변보다는 본인의 관심사나 적성, 흥미에 대해 이야기하는 것이 좋다.

Example 1

I majored in English and English literature. I have been very interested in foreign language and foreign culture. Also I wanted to broaden my perspective. So I naturally chose this major.

저는 영어영문학을 전공했습니다. 저는 외국어와 외국 문화에 매우 관심이 있었습니다. 또한 저의 시야를 넓히기를 원했습니다. 그래서 자연스럽게 이 전공을 선택했습니다.

Example 2

My major is Tourism Management. When I was in high school, I was very interested in traveling and foreign country. So I wanted to study more about those at university. It was the first step to make my dreams come true.

제 전공은 관광경영입니다. 고등학생 때 저는 여행과 외국에 관심이 많았습니다. 그 부분에 대해 대학교에서 더 공부해보고 싶었습니다. 그것은 제 꿈을 이루기 위한 첫 단계였습니다.

What is your answer?

Question : What did you learn from your major?
전공을 통해 무엇을 배우셨나요?

Check Point !!!

전공을 통해 배운 학문적인 지식 이외에도 학교 생활을 통해 배운 것들, 예를 들어 '다양한 사람들과 대화하는 방법', '남을 이해하는 방법', '팀워크' 등을 이야기할 수 있다. 가장 좋아했던 과목(favorite subject)을 통해 배운 것을 이야기하는 것도 좋은 방법이다.

Example 1

I majored in English and English Literature. I enjoyed studying English itself but meeting and talking with multi-national people made me much happier. It was wonderful time to learn efficient communication skill and understanding skill.

저는 영어영문학을 전공했습니다. 영어 그 자체를 공부하는 것도 좋아했지만 다양한 국적의 사람들과 만나고 이야기하는 것은 저를 더욱 행복하게 만들었습니다. 효과적인 대화 능력과 이해하는 능력을 배울 수 있었던 멋진 시간이었습니다.

Example 2

My major was Aviation Tourism. It was great chance to learn basic knowledge and service skills that flight attendant has to have. I took classes in image making, food and beverage service, English, Japanese and so on. From my major I could learn how to offer the best service to passengers.

제 전공은 항공관광입니다. 승무원이 갖추어야만 하는 기본적인 지식과 서비스 스킬을 배울 수 있었던 좋은 기회였습니다. 저는 이미지 메이킹, 식음료 서비스, 영어와 일본어 등의 수업을 들었습니다. 제 전공을 통해 승객들에게 최고의 서비스를 제공하는 방법을 배울 수 있었습니다.

What is your answer?

Question :
Why do you apply for this position even it' s not related?
전공과 관련이 없는데도 이 직업에 지원한 이유는 무엇입니까?

Check Point !!!

'교육학', '철학' 등 전공이 승무원과 관련이 없는 경우 받을 수 있는 질문이다. 이러한 질문에 답할 경우 명심할 것은 'Never complain' 이다. 즉, 전공이 적성에 맞지 않았다거나 흥미를 느끼지 못했다거나 하는 등의 부정적인 이야기를 하는 것은 금물이다. '즐거웠다', '유익한 시간이었다' 등 긍정적으로 이야기한 후 학교 생활이나 동아리, 자원봉사, 아르바이트 경험 등을 통해 본인의 적성과 흥미를 찾게 되었다고 이야기하는 편이 좋다.

Example 1

I liked my major and learned many things from it. But I want to have a job with many opportunities to meet various people because it meets my aptitude. Based on my outgoing personality, I' m sure I would be happier in service field.

저는 제 전공을 좋아했고 많은 것을 배울 수 있었습니다. 하지만 저는 다양한 사람들을 만날 수 있는 기회를 많이 가진 직업을 갖기를 원합니다. 왜냐하면 그것이 저의 적성에 맞기 때문입니다. 제 외향적인 성격을 고려해 봤을 때 제가 서비스 분야에서 근무할 때 더 행복할 것이라 확신합니다.

Example 2

I enjoyed studying my major but I felt something missing. I had many part time jobs in service field and I found my talent in it. I enjoyed meeting various people and it made me feel happy. I want to know more about service and I hope to improve myself in this position. That is why I apply for this position even it' s not related.

제 전공 공부는 즐거웠으나 뭔가 부족하다고 생각했습니다. 저는 서비스 분야에서 다양한 아르바이트 경험을 했으며 그 안에서 제 재능을 발견했습니다. 저는 다양한 사람들을 만나는 것을 즐겼으며 그것은 또한 저를 행복하게 해 주었습니다. 서비스 분야에 대해 더 알고 싶고 이 직업에서 제가 성장하기를 희망합니다. 그것이 바로 제 전공과 관련은 없으나 이 직종에 지원한 이유입니다.

What is your answer?

Question : Club activity 동아리 활동

Check Point !!!

학생이거나 사회 경험이 많지 않은 지원자의 경우, 동아리 활동이나 봉사 활동에 관한 질문을 통해 지원자의 팀워크나 성격, 대인 관계 등을 알 수 있다. 구체적으로 무슨 활동을 하는 동아리였는지, 본인의 역할은 무엇이었는지, 그것을 통해 배운 점은 무엇이었는지 생각해둔다.

Example 1

I was a member of voluntary club. We taught children from under privileged homes every Saturday. We enjoyed being with them and they took us as their sisters and brothers. Especially, when I saw my students improve their academic abilities I felt rewarded.

저는 봉사 동아리의 멤버였습니다. 매주 토요일마다 저소득층 가정 아이들을 가르쳤습니다. 아이들과 있는 것이 아주 즐거웠고 그들도 저희를 언니나 오빠처럼 따랐습니다. 특히, 아이들의 학업능력이 향상되었을 때 보람을 느꼈습니다.

Example 2

I was a leader of voluntary club 'Love'. We visited orphanages once a month. We spent time with disabled children for about 3 hours a day. It was a meaningful time to learn the way to harmonize with others. Also it was a good chance to improve myself.

저는 '사랑' 이라는 봉사 동아리의 리더였습니다. 저희는 한 달에 한 번 고아원을 방문했습니다. 거기서 하루 3시간 가량 장애 아동들과 시간을 보냈습니다. 다른 사람들과 조화를 이루는 법을 배울 수 있었던 의미 있는 시간이었고 또한 제 자신이 성장할 수 있었던 좋은 기회였습니다.

Example 3

I was a member of the English conversation club 'Free talking' and I was in charge of recruiting new members. In that club, we had to speak only in English. So it was good chance to improve my English skill. Even though I was not a leader, I could learn how to be a supportive member.

저는 'Free talking' 이라는 영어 회화 동아리의 멤버였으며 제 임무는 신입 회원 모집이었습니다. 그 동아리에서는 영어로만 이야기해야 했습니다. 그래서 제 영어 실력을 향상시키는 데 좋은 기회가 되었습니다. 저는 동아리의 리더는 아니었으나, 팀에 도움이 되는 일원이 되는 방법을 배울 수 있었습니다.

What is your answer?

Question : Part time job 아르바이트

Check Point!!!

Club activity와 마찬가지로 이제 막 학교를 졸업했거나 아직 직장 경력이 없거나 적은 지원자에게 자주 묻는 중요한 질문 중 하나이다. 다양한 아르바이트 경력이 도움이 되는 부분도 있지만, 자칫 한 가지 일을 오랫동안 하지 못하는 성격으로 비춰질 우려가 있다. 그러므로 아르바이트 경험을 모조리 열거하기 보다는 서비스 업종에서의 경험 한 두 가지만 중점적으로 이야기하도록 한다. 무슨 일을 얼마 동안 했는지, 그 경험을 통해 배운 것은 무엇인지를 함께 언급하는 것도 좋다. 하지만 6개월 미만 정도로 짧게 근무한 경우 근무 기간을 밝히지 않는 편이 좋다.

Example 1

I used to work as a sales person at a department store. From this experience, I learned how to treat customers politely and how to meet their needs quickly. Also it was a good chance to find my aptitude in service field.

백화점에서 영업 사원으로 근무한 적이 있습니다. 이 경험을 통해, 손님들을 예의 바르게 대하고 신속하게 그들의 요구를 들어드리는 법을 배웠습니다. 또한 서비스 분야에서의 제 적성을 발견하게 된 좋은 기회였습니다.

Example 2

I've worked in a restaurant as a waitress more than 8 months. Through this experience I found myself enjoying working for customers. I got good feedback from my boss and customers because I provided personalized service by anticipating each customer's needs in advance.

저는 레스토랑에서 8개월 이상 근무했습니다. 이 경험을 통해 제 자신이 손님들을 위해 일하는 것을 즐긴다는 것을 알게 되었습니다. 저는 손님이 필요로 하시는 것을 미리 예상하여 먼저 해 드리는 맞춤 서비스를 제공함으로써 사장님과 손님들로부터 좋은 평가를 받았습니다.

What is your answer?

Question : Why did you resign? 사직 이유

Check Point !!!

현재 다른 직업을 가지고 있거나 직장 경험이 있는 지원자라면 꼭 생각해 보아야 하는 질문이다. 'Never complain' 즉, 적성에 맞지 않았다거나 근무 환경이 좋지 않아서 사직했다는 등의 부정적인 답변은 피하도록 한다. 이전 직장에 대해 '즐거웠다', '많은 것을 배울 수 있었다' 등의 긍정적 이야기를 한 후 승무원 지원 동기를 덧붙이도록 한다.

Example 1

I enjoyed previous job and it was wonderful time to learn many things. But I felt something missing. I'm active and outgoing. So I wanted to have a job with many opportunities to meet various people. That is why I resigned the company.

저는 제 일을 즐겼으며 많은 것을 배울 수 있는 유익한 시간이었습니다. 하지만 무엇인가 아쉬움이 있었습니다. 저는 활동적이고 외향적입니다. 그래서 다양한 사람들을 만날 수 있는 기회를 가진 직업을 원했습니다. 그것이 제가 사직하게 된 이유입니다.

Example 2

I liked my job and fully enjoyed it. But I have more interests in service related job. Through part time jobs and voluntary work experiences, I learned how great it is to do something for others. I believe this job suits my aptitude and that is why I decided to resign.

저는 제 일을 좋아했으며 충분히 즐거웠습니다. 하지만 저는 서비스 관련된 직업에 더 관심을 가지고 있습니다. 아르바이트와 봉사 활동 경험을 통해 다른 사람들을 위해 무엇인가 한다는 것이 얼마나 멋진 일인지 알게 되었습니다. 이 직업이 제 적성에 적합하다고 믿으며 그것이 제가 사직을 결심하게 된 이유입니다.

What is your answer?

Question : What did you do after you resigned?
사직 후 무엇을 하셨습니까?

Check Point !!!

사직 후 승무원 준비만 했다고 대답하는 것은 충분치 않다. 승무원 준비와 더불어 여행, 외국어 공부, 체력 관리, 독서 등 다양한 방법으로 자기계발에 힘썼다고 대답하는 편이 좋다. 참고로 이 질문은 졸업 후 아직 직장 경력이 없는 지원자들이 받기 쉬운 질문 중 하나인 'What did you do after you graduated?' (졸업 후 무엇을 하셨습니까?)와 비슷한 내용의 대답이 가능하다.

Example 1

I spent a lot of time preparing for this job. First of all, to improve my English skill I took an English conversation course because I thought English skill would be very essential for this position. Also I traveled many places to broaden my perspective and to experience various airlines.

저는 이 직업을 준비하는데 많은 시간을 보냈습니다. 승무원에게 영어 실력은 매우 필수적이라고 생각해서 실력 향상을 위해 영어 회화 코스를 수강했습니다. 또한 견해를 넓히고 다양한 항공사를 경험해 보고자 많은 곳을 여행했습니다.

Example 2

I tried hard to be qualified for this position. I studied English and Japanese steadily which are very essential for flight attendant. And to keep healthy I went to fitness center almost every morning. Also I read many books and newspapers to be competent flight attendant,

저는 이 분야에 자격을 갖추고자 열심히 노력했습니다. 승무원에게 매우 필수적인 영어와 일본어를 꾸준히 공부했습니다. 그리고 체력을 유지하고자 거의 매일 아침 fitness center에 갔습니다. 또한 유능한 승무원이 되고자 많은 책과 신문을 읽었습니다.

What is your answer?

Question : How do you keep your health? 건강 관리

Check Point !!!

승무원이라는 직업은 불규칙한 스케쥴과 이로 인한 불규칙한 식사, 높은 고도에서의 근무 등 체력적으로 힘든 직업이다. 체력이 뒷받침되지 않는다면 승무원 본인이 육체적으로 힘든 것은 물론 승객에게 좋은 서비스를 제공하기 힘들기 때문에 지원자가 건강한지, 체력 관리는 어떻게 하는지는 중요한 체크사항이다. 본인의 건강 관리 비법을 이야기한 후 이 일을 해내기에 충분히 건강하다고 강조하는 것도 좋은 방법이다.

Example 1

I try to keep my health by going to a fitness center at least 5 times a week. Also I try to have much water, vegetable and fruit. So I' m strong enough to do my duty.

저는 건강을 유지하기 위해 일주일에 최소한 5번 fitness center에 갑니다. 또한 생수와 야채, 과일을 많이 섭취하려 노력합니다. 그래서 저는 제 임무를 해내기에 충분히 건강합니다.

Example 2

To keep my health I do small things steadily in daily life such as using the stairs instead of taking the elevator and drinking 2 cups of water right after waking up. Therefore I' m sure I' m healthier than anyone else.

저는 건강을 유지하기 위해 엘리베이터대신 계단을 이용한다거나 일어나자마자 두 잔의 물을 마시는 등 일상 생활에서 작은 것들을 실천하고 있습니다. 따라서 저는 누구보다도 건강하다고 자신합니다.

What is your answer?

Question : Hobby 취미

Check Point !!!

취미생활을 통해서 지원자의 성격이나 관심분야, 대인 관계 등을 알 수 있다. 독서나 음악 감상과 같이 상투적이고 뻔한 대답은 피하도록 한다. 가급적이면 혼자 하는 취미생활보다는 사람들과 함께 할 수 있는 것으로 대답하도록 하자. 'What do you usually do in your free time?' (여가 시간에는 주로 무엇을 하십니까?)와 같은 대답이 가능하다.

Example 1

My hobby is visiting famous restaurant with my friends or family. I like to have delicious food with reasonable price. Also I like to take pictures of those tasty dishes and put those pictures in internet site to share information.

제 취미는 친구나 가족과 함께 유명한 음식점을 찾아 다니는 것입니다. 저는 합리적인 가격대의 맛있는 음식을 먹는 것을 좋아합니다. 또한 맛있게 먹었던 음식들을 사진 찍어서 인터넷 사이트에 올려 정보를 공유하는 것도 좋아합니다.

Example 2

I really enjoy going outside. So in my free time I usually visit historical places such as Gyeongbokgung Palace or Changdeok gung Palace with my friends. Also I enjoy having delicious food and taking pictures in there.

저는 밖에 나가는 것을 정말 좋아합니다. 그래서 여가 시간에는 주로 친구들과 함께 경복궁이나 창덕궁과 같은 역사적인 장소에 가곤 합니다. 또한 그 곳에서 맛있는 음식을 먹고 사진 찍는 것도 좋아합니다.

What is your answer?

Question : **Have you ever been abroad?**
외국에 가 보신 적이 있으십니까?

Check Point !!!

외국에 갔던 경험 자체를 묻는 것이 아니므로 본인이 가 보았던 곳을 전부 열거할 필요는 없다. 가 보았던 곳 중에 가장 인상 깊었던 곳 중심으로 이야기를 하되 현지에서 받았던 좋은 인상이나 느낌, 에피소드를 덧붙이도록 한다. 기왕이면 현재 지원한 항공사를 이용해서 갔던 곳을 이야기하는 것이 좋다.

Example 1

I've been to Singapore with my mother for 5days using Korean Air. I was deeply impressed by the clean street without any trash. Also I could enjoy various foods there. So if I have chance, I would like to visit Singapore one more time.

대한항공을 이용해서 어머니와 함께 5일간 싱가폴을 여행한 적이 있습니다. 쓰레기가 전혀 없는 깨끗한 거리가 매우 인상적이었습니다. 또한 거기에서 다양한 음식을 맛볼 수 있었습니다. 그래서 기회가 된다면 다시 한 번 싱가폴을 방문하고 싶습니다.

Example 2

Last summer, I went backpacking in Europe. The most impressive city was Paris. I visited the Eiffel tower and the Louvre. I would never forget those masterpieces in the Louvre. Especially the ' Mona Lisa' which is the most famous painting of Leonardo Da Vinci was very impressive.

지난 여름 유럽으로 배낭 여행을 갔었습니다. 가장 인상적이었던 도시는 파리였습니다. 그곳에서 에펠탑과 루브르 박물관을 방문했습니다. 루브르 박물관에 있던 명작들을 저는 절대 잊지 못할 것입니다. 특히 레오나르도 다 빈치의 '모나리자'는 아주 인상적이었습니다.

Example 3

I' m afraid I haven' t. But I do hope to go to Saipan because I' m very interested in water sports such as water-skiing, windsurfing and scuba diving.

아직은 없습니다만 사이판을 꼭 가보고 싶습니다. 왜냐하면 저는 수상스키나 윈드 서핑, 스쿠버 다이빙과 같은 수상 스포츠에 매우 관심 있기 때문입니다.

What is your answer?

Question : If you become a flight attendant, where would you like to visit the most?
승무원이 된다면 가장 가보고 싶은 곳은?

Example 1

If I become a flight attendant, I would like to go to France. Especially I' d like to go to Paris and take a picture in front of the Eiffel tower.

승무원이 된다면 프랑스에 가보고 싶습니다. 특히나 저는 파리 에펠탑 앞에서 사진을 찍어보고 싶습니다.

Example 2

I would like to go to Japan. I' m interested in Japan culture and Japanese. Especially I' d like to visit Tokyo where is the biggest city in Japan.

저는 일본에 가보고 싶습니다. 저는 일본 문화와 일본어에 관심이 많습니다. 특히 저는 일본에서 가장 큰 도시인 도쿄에 꼭 가보고 싶습니다.

What is your answer?

Question : Where would you recommend for foreigners to visit in Seoul?
서울에서 외국인들에게 추천하고 싶은 장소는?

Example 1

I would like to recommend Insadong. There are a lot of souvenir shops and Korean restaurants as well. That' s why a lot of foreign tourists love Insadong.

저는 인사동을 추천하고 싶습니다. 인사동에는 기념품 가게들과 한국 식당이 많이 있어서 외국인 여행객들에게 인기가 많습니다.

Example 2

I would like to recommend Myungdong. Myungdong is very famous for diverse street shops. Also you can enjoy Korean popular food there.

저는 명동을 추천하고 싶습니다. 명동은 다양한 길거리 가게들로 매우 유명하며 인기 있는 한국 음식을 맛볼 수도 있습니다.

What is your answer?

Question : **Service mind 서비스 마인드**

Check Point !!!

승무원 면접 중 가장 자주 사용하는 단어 중 하나가 바로 '서비스 마인드' 일 것이다. 서비스 마인드가 승무원에게 요구되는 중요한 자질 중 하나이기 때문이다. 하지만 정작 '서비스 마인드' 혹은 '좋은 서비스' 에 대해 깊이 생각해 봤거나 확실하게 정의를 내릴 수 있는 사람은 그다지 많지 않다. '서비스 마인드' 의 정의에 대해서는 한국어와 영어 모두 확실히 준비해 두도록 하자.

Example 1

Service mind is to anticipate what customers need and to offer before they ask for. So I try to put myself in their situation to catch what they need quickly.

서비스 마인드는 고객들이 무엇을 원하시는지 예상하고 그들이 요구하기 전에 제공하는 것입니다. 그래서 저는 고객이 무엇을 원하시는지 빠르게 알아차리기 위해 그들의 입장에서 생각하고자 노력합니다.

Example 2

Service mind is to treat customer politely with respect as my parents. By checking customer's gesture and facial expression carefully, I can offer the best service to customer, I think.

서비스 마인드는 나의 부모님을 대하듯 존경하는 마음을 가지고 고객을 예의 바르게 대하는 것입니다. 손님의 제스처나 표정을 주의 깊게 살핌으로써 최고의 서비스를 제공할 수 있다고 생각합니다.

What is your answer?

Question : What is more important between service and safety?
서비스와 안전 중 어느 것이 더 중요합니까?

Check Point !!!

승무원으로 일하는데 있어 서비스는 당연히 중요한 부분이지만 승무원은 기내라는 제한된 공간에서 일한다는 업무의 특성상 안전이 더 우선시되어야 한다.

영어면접과 한국어 면접 모두 자주 나오는 단골 질문 중 하나이니 반드시 답변을 준비해 두도록 해야 한다. 단, 추상적으로 답변을 준비하다 보면 내용이 길고 어려워질 뿐 아니라 무슨 내용인지 이해하기 힘든 경우가 많이 있으니 어렵지 않게 짧고 쉬운 방법으로 답변하는데 중점을 두도록 한다.

Example 1

Giving good service is important but safety has to be the top priority on an airplane.

좋은 서비스를 제공하는 것도 중요하지만 비행기에서는 안전이 최우선이 되어야 합니다.

Example 2

Safety is much more important than service because there must be a lot of unexpected situations during the flight.

비행 중에는 예상치 못한 많은 일들이 있을 수 있으므로 서비스보다는 안전이 훨씬 더 중요하다고 생각합니다.

What is your answer?

Question : What did you do last weekend?
지난 주말에 무엇을 하셨습니까?

Check Point!!!

언뜻 별다른 의미가 없어 보이지만 이 질문을 통해 지원자의 성격이나 인간관계 등을 알 수 있다. '특별히 한 것 없이 집에 있었다', '집에서 면접 준비를 했다'는 대답보다는 친구들이나 가족들과 무엇인가를 했다고 하는 것이 외향적이고 활동적인 이미지를 주는데 도움이 된다.

Example 1

Last Saturday I met my classmates in high school. It was an ideal weather for a picnic so we went to the Seonyudo Park. We had delicious sandwiches and fruits for lunch and took pictures.

저는 지난 토요일에 고등학교 동창들을 만났습니다. 소풍 가기에 좋은 날씨여서 저희는 선유도 공원에 갔습니다. 점심으로 맛있는 샌드위치와 과일을 먹고 사진도 찍었습니다.

Example 2

I went mountain climbing with my family. We usually go nearby mountain climbing on Sunday morning. It was nice to breathe the fresh air and to enjoy the scenery while walking. It was also nice to talk about our daily life.

저는 가족들과 등산을 갔습니다. 보통 저희 가족은 일요일 아침 근처 산을 오릅니다. 걸으면서 맑은 공기를 마시고 경치를 감상해서 좋았습니다. 우리의 일상 생활에 대해 이야기하는 것 역시 좋았습니다.

What is your answer?

Question : What will you do after this interview?
인터뷰 후에 무엇을 할 예정입니까?

Check Point !!!

'What did you do last weekend?' 와 마찬가지로 그냥 던지는 질문 같아 보이지만 지원자의 인간 관계나 성향 등을 알아보기 위한 질문이라고 생각하면 된다. 친구나 가족들과 약속이 있다고 하는 정도로 가볍게 이야기하면 좋다.

Example 1

I have an appointment with my friends in Sinchon. They are very interested in this interview. So we will talk about today's interview having delicious Chinese food.

신촌에서 친구들과 약속이 있습니다. 제 친구들은 이 인터뷰에 대해 굉장히 관심을 가지고 있습니다. 그래서 저희는 맛있는 중국 음식을 먹으면서 오늘 인터뷰에 대해 이야기할 것입니다.

Example 2

I will have dinner with my family. My mother will cook tasty food for me. After talking about this interview I would like to take a hot shower and get enough rest.

식구들과 저녁 식사를 할 예정입니다. 어머니께서 저를 위해 맛있는 음식을 해 주실 것입니다. 이 인터뷰에 대해 이야기할 후 뜨거운 물에 샤워를 하고 충분히 휴식을 취하고 싶습니다.

What is your answer?

Question : Special ability 특기

Check Point !!!

특기라고 해서 정말로 뭔가 대단한 '특별한 기술'을 이야기할 필요는 없다. 운동이나 요리, 외국어, 악기 연주 등 남들에 비해 조금 더 잘할 수 있는 것을 이야기하면 된다. '운동', '요리'라고 통틀어서 이야기하지 말고 그 중에서도 특별히 잘하는 것을 구체적으로 이야기하도록 하자.

Example 1

I'm good at cooking. So people call me 'cook'. Especially I'm very good at spaghetti. I love to invite my friends to home and cook for them rather than eat out.

저는 요리를 잘합니다. 그래서 사람들은 저를 '요리사'라고 부릅니다. 특히 저는 스파게티를 잘 만듭니다. 밖에서 먹는 것 보다 친구들을 집으로 초대해서 요리해주는 것을 좋아합니다.

Example 2

I'm good at Chinese. I majored in Chinese and studied it in China for 1year. I have confidence in writing and speaking

Chinese which may prove useful when I treat Chinese passengers.

저는 중국어를 잘합니다. 중국어를 전공했고 1년간 중국에서 공부했습니다. 중국어를 쓰고 말하는 것에 자신이 있으며 이는 중국 승객들을 대할 때 유용하게 쓰일 것으로 생각합니다.

What is your answer?

Question : When do you feel happy?
언제 행복을 느끼십니까?

Check Point !!!

어쩌다 한 번 일어날법한 대단한 일을 이야기하기 보다는 다소 사소해 보이는 혹은 자주 일어날 수 있는 일들을 이야기하는 편이 좋다. 긍정적이고 작은 일에도 행복을 느끼는 사람으로 보일 것이다.

Example 1

I feel happy with small things. When I give or get handwritten letters, not E-mail, I feel happy. Also I feel happy when I get text message from my parents.

저는 작은 일들에 행복을 느낍니다. E-mail이 아닌 손으로 쓴 편지를 주거나 받을 때 저는 행복을 느낍니다. 또한 부모님으로부터 문자 메시지를 받을 때 저는 행복을 느낍니다.

Example 2

I feel happy easily. For example, whenever I go for a picnic with friends or family on a clear day I feel happy.

저는 쉽게 행복을 느낍니다. 예를 들어, 맑은 날 친구나 가족들과 함께 소풍을 갈 때마다 저는 행복을 느낍니다.

Example 3

I love my mother a lot and she likes 'kimchijjigae' that I cook for her. So whenever I eat 'kimchijjigae' with my mother I feel happy.

저는 어머니를 굉장히 사랑하고, 어머니는 제가 해드린 김치찌개를 좋아하십니다. 그래서 어머니와 함께 김치찌개를 먹을 때마다 저는 행복하다고 느낍니다.

What is your answer?

Question : When do you get angry? 언제 화가 나십니까?

Check Point !!!

사소한 것보다는 누구나 화가 날법한 상황을 이야기하는 것이 좋다. 사소한 것을 대답하면 자칫 신경질적이거나 예민한 사람으로 비춰질 우려가 있기 때문이다. 또한 부정적인 질문에 답할 때는 표현에 주의를 기울여야 한다. 직접적으로 '~get angry' 라고 이야기하기 보다는 '~don't feel good', '~not happy' 정도로 표현을 바꾸어 대답하도록 한다.

Example 1

I love children a lot and I believe they should be loved and protected. So whenever I hear the news about sexual abuse against children, I don't feel good.

저는 어린이를 아주 좋아하며 그들은 사랑 받고 보호받아야 한다고 생각합니다. 그래서 어린이 성폭력에 관한 뉴스를 접할 때마다 저는 기분이 좋지 않습니다.

Example 2

I don' feel good with someone who smokes in public places. Smoking is injurious to his or her own health, of course, and I think they should care about hazard of second-hand smoking.

저는 공공장소에서 담배를 피우는 사람을 보면 기분이 좋지 않습니다. 흡연은 그들 자신의 건강에 해로운 것을 물론이고 저는 그들이 간접흡연의 위험성에 대해 관심을 가져야 한다고 생각합니다.

What is your answer?

Question : When do you get stressed?
당신은 언제 스트레스를 받습니까?

Check Point !!!

스트레스를 전혀 받지 않고 사는 사람은 없겠지만 긍정적이고 낙천적인 사람이라면 조금 덜 받을 것이다. 지나치게 사소한 일에 스트레스를 받는다는 인상을 주지 않도록 주의하자.

Example 1

I don't get stressed easily. But when I have to deal with many things in a short period of time, I get stressed because I'm rather perfectionist. To be less stressful I try to admit it is not always possible to be perfect in everything.

저는 쉽게 스트레스를 받는 편은 아닙니다. 하지만 제가 다소 완벽주의자인 관계로 짧은 시간에 많은 일을 해야 할 때는 스트레스를 받습니다. 하지만 저는 스트레스를 덜 받기 위해 매사에 완벽할 수는 없다는 것을 인정하려 합니다.

Example 2

I'm rather indecisive. So sometimes I get a bit stressed because it takes much time when I make a decision. But I try to think positively that I respect various opinions and point of views.

저는 다소 우유부단합니다. 그래서 결정을 내릴 때 시간이 많이 걸리고 그로 인해 약간은 스트레스를 받기도 합니다. 하지만 제 자신이 다양한 의견과 견해를 존중하기 때문이라는 긍정적인 방향으로 생각하려고 노력합니다.

What is your answer?

Question : How do you manage stress?
스트레스 관리법은?

Check Point !!!

승무원은 육체적으로는 물론 정신적으로도 힘든 직업이다. 다양한 배경, 국적, 성격을 가진 승객을 항상 웃는 얼굴로 대해야 하고 또한 다양한 동료들과 일해야 하기 때문이다. 스트레스를 쉽게 받는 편이 아니라고 밝힌 후 본인의 스트레스 해소법을 구체적으로 이야기한다.

Example 1

I don't get stressed easily. But when I get stressed, I listen to classical music. It helps me a lot to calm down.

저는 쉽게 스트레스를 받지는 않습니다만 스트레스를 받으면 클래식 음악을 듣습니다. 클래식 음악은 마음을 가라앉히는데 크게 도움이 됩니다.

Example 2

To get rid of stress I play squash until I' m soaked with sweat and take a shower. It helps a lot to relax.

저는 스트레스를 해소하기 위해 땀으로 흠뻑 젖을 때까지 스쿼시를 하고 샤워를 합니다. 마음을 가라앉히는데 굉장히 도움이 됩니다.

Example 3

I don' t get stressed easily. But when I get stressed I eat spicy food such as '떡볶이'. Also having a chat with friend is very helpful to relieve stress.

저는 쉽게 스트레스를 받지 않습니다. 하지만 스트레스를 받았을 때는 떡볶이와 같은 매운 음식을 먹습니다. 또한 친구와 수다를 떠는 것도 스트레스 해소에 매우 도움이 됩니다.

What is your answer?

Question : Family 가족

Check Point !!!

가족과 관련하여 받는 질문은 크게 두 가지이다. 하나는 'How many members are there in your family?' 이고 다른 하나는 'Please tell me about your family.' 이다. 첫 번째 질문에는 '전부 몇 명이고 구성원

은 누구 누구이다' 하는 식으로 간단히 대답하면 된다. 두 번째 질문을 받았을 경우에는 첫 번째 질문에 답한 것과 마찬가지로 가족 구성원을 간단히 설명한 후 가훈(family motto)라던가 가족 내 분위기 등을 덧붙인다. 5명 이상 대가족인 경우 각 구성원에 대해 일일이 설명하다 보면 너무 길어질 우려가 있다는 점을 참고하자.

Example 1

There are 4 in my family including my parents, older sister and me. Even though we don't have enough time to talk about our daily life in weekdays, we try to have dinner together on Saturdays. I do enjoy talking with my family.

우리 가족은 부모님, 언니, 저를 포함하여 모두 4명입니다. 비록 주중에는 일상생활에 대해 대화할 시간이 충분치 않습니다만 매주 토요일마다 함께 저녁을 먹으려 노력합니다. 제 가족과 이야기하는 것은 정말 즐겁습니다.

Example 2

There are 5 in my family including my parents, older sister, younger brother and me. My family motto is 'Honesty'. My father always places an emphasis on the importance of honesty. Also he says that telling a lie is worse than making a mistake.

우리 가족은 부모님, 언니, 남동생, 저를 포함하여 모두 5명입니다. 우리 집 가훈은 '정직' 입니다. 아버지께서는 언제나 정직의 중요성을 강조하십니다. 또한, 실수하는 것보다 거짓말하는 것이 더 나쁘다고 이야기하십니다.

Example 3

My family motto is 'Never be afraid of start'. This means we should have challenging attitude in everything. Regretting what we didn't even try is worse than failure, we believe.

우리 집 가훈은 '시작을 두려워하지 말자' 입니다. 이것은 매사에 도전 정신을 갖자는 의미입니다. 시도도 해보지 않은 것으로 인한 후회는 실패하는 것보다 나쁘다고 생각합니다.

What is your answer?

Question : **Nickname 별명**

Check Point !!!

별명을 통해 주변 사람들이 지원자를 어떻게 생각하는지 알 수 있다.
재미있는 대답으로 딱딱한 면접 분위기를 바꿔보는 것도 좋다.

Example 1

My nickname is 'Mom'. I love babies and children a lot and like to look after them. And when I'm with them I forget all about the time. So people call me 'Mom'.

제 별명은 '엄마' 입니다. 저는 아기와 어린이들을 사랑하고 그들을 보살피는 것을 좋아합니다.

그리고 그들과 있을 때는 시간가는 줄도 모릅니다. 그래서 사람들은 저를 '엄마' 라고 부릅니다.

Example 2

My nickname is 'Cook' because I'm good at cooking, especially Korean food. I like to invite my friends to my home and cook for them rather than eat out.

제 별명은 '요리사' 입니다. 왜냐하면 제가 요리, 특히 한국 음식을 잘하기 때문입니다. 저는 밖에서 먹는 것보다 친구들을 집으로 초대해 요리를 대접해주는 것을 좋아합니다.

Example 3

My nickname is 'Pig'. As you can guess, it's because I eat well and sleep well. Especially I pig out on dumpling.

제 별명은 '돼지' 입니다. 짐작하시겠지만 잘 먹고 잘 자기 때문입니다. 특히 저는 만두를 굉장히 좋아합니다(잘 먹습니다).

What is your answer?

Question : What kinds of people do you hate to work with?
어떤 사람과 일하기 싫으십니까?

Check Point !!!

요즘 면접 경향 중 하나가 '부정적인 질문' 이다. 즉, 지원자의 '장점' 보다는 '단점' 을 더 자주 물어보고 이 회사의 '좋은 점' 보다는 '개선할 점' 을 더 자주 물어본다는 뜻이다. 이러한 부정적인 질문에 대답할 때는 내용도 중요하지만 표현하는 방법 또한 주의를 기울여야 한다. 직접적으로 'I hate to work with~' 보다는 'I don' like to work with~' 나 'I' d like to avoid working with~' 정도로 부드럽게 돌려서 이야기하도록 하자.

Example 1

I don' t like to work with a lazy person. When we work as a team, each employee has an assigned duty that they have to do. A lazy person would not be helpful for the harmony of the team and efficiency of the work, I think. That is why I don' t like to work with a lazy person.

저는 게으른 사람과 일하는 것을 좋아하지는 않습니다. 팀으로 일할 때 각각의 직원들은 자신이 해야 하는 임무가 있게 마련입니다. 게으른 사람은 팀의 조화나 일의 능률 면에서 그다지 도움이 되지 않을 것 같습니다. 그래서 저는 게으른 사람과 일하는 것을 좋아하지는 않습니다.

Example 2

I can mix with others very well. But if possible, I'd like to avoid working with a selfish person. For better teamwork it's very important to care about team members, I believe. So I'd like to avoid working with a selfish person.

저는 다른 사람들과 잘 어울릴 수 있습니다. 하지만 가능하다면, 이기적인 사람과 일하는 것은 피하고 싶습니다. 더 나은 팀워크를 위해 팀의 다른 구성원들을 배려하는 것은 아주 중요하다고 믿기 때문입니다. 그래서 저는 이기적인 사람과 일하는 것은 피하고 싶습니다.

What is your answer?

Question : Favorite movie 인상 깊게 봤던 영화

Check Point !!!

본인이 가장 인상 깊게 봤던 영화를 이야기하되 지나치게 코믹하거나 잔인한 영화는 배제하도록 한다. 인상 깊었던 장면이나 대사를 이야기하거나 영화를 보면서 무엇을 느끼게 되었는지 위주로 대답한다. 한국 영화인 경우 한국어 제목을 그대로 밝히고 'Which is~', 'Which means~' 등의 표현을 사용해 한국어 제목을 영어로 바꾸어 설명하는 것이 좋다.

Example 1

My favorite movie is 'Titanic'. I watched this movie more than 3 times. Especially I was deeply impressed by musicians who played for others when the ship was sinking.

제가 가장 인상 깊게 봤던 영화는 'Titanic' 입니다. 저는 이 영화를 3번 이상 봤습니다. 배가 가라앉고 있을 때 다른 사람들을 위해 음악을 연주했던 연주자들에게서 깊은 감동을 받았습니다.

Example 2

My favorite movie is 'Life is beautiful' starring Roberto Benigni. He is also a director of the movie. From this movie I felt how much every parents love us. Also I realized that everything depends on what we could imagine and having a positive mind.

제가 가장 인상 깊게 봤던 영화는 로베르토 베니니 주연의 '인생은 아름다워' 입니다. 그는 이 영화의 감독이기도 합니다. 이 영화를 통해 모든 부모님들이 우리를 얼마나 사랑하시는 지 느낄 수 있었습니다. 또한 모든 것은 우리의 생각과 긍정적인 마인드에 의해 좌우된다는 것을 깨달았습니다.

What is your answer?

Question : Favorite book 인상 깊게 읽은 책

Check Point !!!

'Favorite movie' 와 마찬가지로 너무 가볍거나 잔인한 내용은 제외하도록 한다. 인상 깊었던 내용이나 구절, 혹은 이 책을 통해 무엇을 배우게 되었는지 이야기한다. '~Written by' 즉, 저자가 누구인지도 함께 밝히도록 한다.

Example 1

My favorite book is 'Wine selection' written by Park Chan-Il. He is a famous chef and a writer. But in this book he talks about various issues such as global warming, drought not just as a wine lover but as a wine lover who worries about environment.

제가 가장 인상 깊게 읽은 책은 박찬일씨의 'wine selection' 입니다. 그는 유명한 요리사이자 작가입니다. 하지만 이 책에서 그는 단지 와인 애호가 입장에서가 아니라 환경을 생각하는 와인 애호가 입장에서 지구 온난화나 가뭄에 관한 다양한 이야기를 하고 있습니다.

Example 2

My favorite movie book is 'The Secret' written by Rhonda Byrne. From this book I learned how to use 'The Secret' in every single area of my life. Also I began to understand the hidden power within me.

제가 가장 인상 깊게 읽은 책은 '론다 번'의 'The Secret' 입니다. 이 책을 통해 제 인생 곳곳에 있는 비밀을 어떻게 이용할 것인지 배우게 되었습니다. 또한 제 안에 숨겨져 있는 능력을 이해하기 시작했습니다.

What is your answer?

Question : Best friend 가장 친한 친구

Check Point !!!

가장 친한 친구의 이름을 밝힌 뒤 언제부터 알고 지냈는지, 혹은 얼마 동안 친구로 지내고 있는지 이야기한다. 친구의 직업이나 성격, 칭찬을 하는 것으로 간단히 마무리 지을 수 있다.

Example 1

My best friend's name is Jin-Kyung Koo. We have known each other since high school. She is outgoing, active and humorous. That is why she is always surrounded by people. We have a chat almost every day by phone and meet more than 2 times a week.

가장 친한 친구의 이름은 구진경입니다. 저희는 고등학교 때부터 알고 지낸 사이입니다. 그녀는 외향적이고 활발하며 유머러스합니다. 그것이 바로 그녀 주위에 사람들이 많은 이유입니다. 저희는 거의 매일 전화로 이야기를 나누며 일주일에 두 번 이상 만납니다.

Example 2

My best friend is Eun-Kyung Lee. We have known each other for 10 years. She always speaks quietly and is good at listening. So people trust and like to talk with her. I also trust her deeply and would like to maintain a lifelong friendship with her.

저의 가장 친한 친구는 이은경입니다. 저희는 10년 동안 알고 지냈습니다. 그녀는 언제나 조용히 말하며 남의 이야기를 잘 들어줍니다. 그래서 사람들은 그녀를 신뢰하고 함께 이야기하는 것을 좋아합니다. 저 역시 그녀를 깊게 신뢰하며 우정을 평생토록 지속하고 싶습니다.

What is your answer?

Question : Habit 습관

Check Point!!!

습관, 혹은 버릇이라고 이야기할 수 있는 것은 다양할 것이다. 하지만 '앉을 때 다리를 꼬고 앉는다', '손톱을 물어 뜯는다' 와 같이 별다른 의미가 없는 습관보다는 '아침을 꼭 챙겨먹는다', '뉴스를 꼭 본다', '메모를 한다' 와 같이 생산적인 혹은 긍정적인 의미를 가지고 있는 습관을 이야기하는 편이 좋다.

Example 1

Every morning I search on the internet. I usually check my E-mail, articles and weather. It takes about 30 minutes and without this, I feel something is missing.

매일 아침 저는 인터넷을 검색합니다. 저는 주로 E-mail과 기사, 날씨를 체크합니다. 약 30분 정도가 소요되며 이렇게 하지 않으면 뭔가 허전함을 느낍니다.

Example 2

In the morning, right after waking up I turn on the TV. While watching the news I have a cup of coffee. It' s my own way to start the day.

저는 아침에 일어나자 마자 TV를 켭니다. 그리고 뉴스를 보면서 커피를 마십니다. 그것이 하루를 시작하는 저만의 방법입니다.

Example 3

Writing a diary is my major habit. I put aside 10 minutes everyday to write a diary. I write about what happened each day. I kept a diary for over 10 years.

일기를 쓰는 것이 제 주된 습관입니다. 저는 매일 10분씩 일기 쓰는 시간으로 비워둡니다. 그날 무슨 일이 일어났는지 적어두며 10년 이상 일기를 써오고 있습니다.

What is your answer?

Question : The most undesirable attitude as a flight attendant

승무원으로서 가장 바람직하지 못한 자세

Check Point !!!

승무원으로서 바람직하지 못한 자세는 여러 가지가 있을 것이다. 서비스 마인드가 부족한 것은 두말 할 것도 없고 안전에 대한 불감증, 다양한 문화나 상황에 대해 편견을 갖는 것, 팀워크에 저해가 되는 이기적인 자세 등이 있다. 어떤 자세가 가장 바람직하지 않는지를 업무와 관련시켜 설명하도록 한다.

Example 1

I think the most undesirable attitude as a flight attendant is to judge people by the way they look. Because flight attendant treats passengers with various nationalities, cultures and backgrounds.

승무원으로서 가장 바람직하지 못한 자세는 사람들을 겉모습으로 판단하는 것이라고 생각합니다. 왜냐하면 승무원은 다양한 국적과 문화, 배경을 가진 승객들을 대하기 때문입니다.

Example 2

A flight attendant should not be selfish, I think. For better teamwork and harmony they should care about other team members. That's why I think selfish attitude would be the most undesirable attitude as a flight attendant.

승무원은 이기적이어서는 안됩니다. 더 나은 팀워크와 조화를 위해 그들은 다른 팀원들을 배려해야 합니다. 그래서 이기적인 자세가 승무원으로서 가장 바람직하지 못하다고 생각합니다.

What is your answer?

Question : Who do you respect the most?
가장 존경하는 인물은?

Check Point !!!

부모님을 가장 존경한다고 대답하는 지원자가 많은데 간혹 '부모님을 제외하고 가장 존경하는 인물은?' 이라는 질문을 하기도 한다는 점을 염두에 두도록 하자. 또한 면접관도 개인적인 성향을 가지고 있다는 점을 고려하여 정치인이나 종교인을 이야기할 때는 각별히 주의를 기울이도록 한다.

Example 1

I respect Han Bi-Ya the most. She is a celebrated travel writer and a relief worker. I respect her endless love and devotion to poor children. Also I was deeply impressed by her passion and enthusiasm for life.

저는 한비야씨를 가장 존경합니다. 그녀는 유명한 여행 작가이며 구호 단체 대원입니다. 저는 불쌍한 어린이들을 향한 그녀의 끝없는 사랑과 헌신을 존경합니다. 또한 삶에 대한 그녀의 열정과 열의에 깊이 감동했습니다.

Example 2

I respect Hillary Clinton the most and she is my role model. She pursues her career life with definite goals and vision. Like her, I'd like to be an independent and competent person.

저는 힐러리 클린턴을 가장 존경하며 그녀는 저의 역할 모델입니다. 그녀는 뚜렷한 목표와 미래상을 가지고 인생을 개척해 나가고 있습니다. 그녀처럼 저도 독립적이며 유능한 사람이 되고 싶습니다.

What is your answer?

Question : Favorite sports 가장 좋아하는 스포츠

Check Point!!!

Badminton, Squash와 같이 본인이 직접 할 수 있는 스포츠라면, 어디서 혹은 얼마나 자주 운동하는지 밝히도록 하자. Professional soccer, Professional baseball과 같은 경우라면 좋아하는 팀이나 선수를 구체적으로 언급하는 것도 좋다.

Example 1

I like to watch professional baseball game. Especially I'm a big fan of OO and I like OOO the most.

저는 프로 야구 보는 것을 좋아합니다. 특히 저는 OO의 열렬한 팬이며 OOO선수를 가장 좋아합니다.

Example 2

I started squash when I was in college so I have been enjoyed it for 3 years. At least 2 times a week I play squash. It is very helpful to relieve stress and to keep healthy.

저는 대학교 때 스쿼시를 시작해서 3년째 해오고 있습니다. 일주일에 최소 2번은 스쿼시를 치고 있습니다. 스트레스 해소와 건강 유지에 매우 도움이 됩니다.

What is your answer?

Question : If you get hired, what can you do for us?
채용이 되면 회사를 위해 무엇을 할 것입니까?

Check Point !!!

본인이 가진 장점(경력, 성격, 외국어 실력 등)을 바탕으로 회사에 어떤 기여를 할 수 있는지 이야기하도록 한다.

Example 1

I would draw many passengers with my bright smile and service mind. Also my English and Japanese skill would be very useful when I treat foreign passengers.

저의 밝은 스마일과 서비스 마인드로 많은 승객을 유치할 것입니다. 저의 영어와 일본어 실력 또한 외국 승객을 대할 때 굉장히 유용할 것이라 생각됩니다.

Example 2

Through various experiences in service field, I know how to treat passengers politely and to offer the best service. It goes to this company' s good reputation, I believe.

저는 서비스 분야에서의 다양한 경험을 통해 승객을 예의 바르게 대하는 법과 최고의 서비스를 제공하는 법을 알고 있습니다. 그리고 그것은 이 회사의 좋은 평판으로 직결될 것이라 믿습니다.

What is your answer?

Question : Do you think you are a lucky person?
본인이 운 좋은 사람이라고 생각하십니까?

Check Point !!!

인생에서 중요하다고 생각되는 가치들, 예를 들어 친구, 가족, 꿈, 건강 등을 열거한 후 본인의 현 상황과 관련시켜 대답하도록 한다.

Example 1

Yes, I think I’ m lucky. Being a flight attendant has been my dream for over 3 years. I tried hard and I’ m sure I will be a qualified flight attendant. I have a dream and determined goal and that’ s why I think I’ m lucky.

네, 저는 운이 좋다고 생각합니다. 승무원이 되는 것은 3년 이상 된 저의 꿈이었습니다. 저는 열심히 노력했으며 자격을 갖춘 승무원이 될 것이라 확신합니다. 꿈과 확실한 목표를 가지고 있기 때문에 저는 제가 운이 좋다고 생각합니다.

Example 2

Yes, I think I’ m very lucky. To have good people is the most important thing, I think. I have a beloved parents and good friends who trust and love me. I love them a lot and I’ m fully loved so I think I’ m very lucky.

네, 저는 아주 운이 좋다고 생각합니다. 저는 좋은 사람들과 지내는 것이 가장 중요하다고 생각합니다. 저에게는 사랑하는 부모님과 언제나 저를 믿고 사랑해주는 좋은 친구들이 있습니다. 그들을 많이 사랑하고 저 역시 충분히 사랑 받고 있기 때문에 제 자신이 아주 운이 좋은 사람이라고 생각합니다.

What is your answer?

Question : Are you a hard worker?
당신은 열심히 일하는 편입니까?

Check Point !!!

자신의 성격, 일하는 방식, 에피소드 등을 예로 들어 열심히 일하는 사람임을 강조하면 된다.

Example 1

I have strong sense of responsibility and I' m also good at time management. When I do something I make a plan and get on with the work. So I can tell you that I' m a hard worker.

저는 강한 책임감을 가지고 있으며 또한 시간 분배에도 능합니다. 그리고 무슨 일을 할 때 저는 계획을 세운 후 일에 매진합니다. 그렇기 때문에 저는 열심히 일하는 사람이라고 말씀드릴 수 있습니다.

Example 2

I try to work hard and efficiently. And if possible, I try to help other co-workers. That' s why I got good feedback from my co-workers and boss when I worked as a part timer in a department store.

저는 일을 열심히 그리고 효율적으로 하고자 노력합니다. 그리고 가능하다면 다른 동료들도 도와주려 합니다. 그것이 바로 제가 백화점에서 근무할 때 동료들과 상사로부터 좋은 반응을 받은 이유입니다.

What is your answer?

Question : Do you think your experiences will be useful in this field? 당신의 경험이 이 일을 하는데 도움이 될 것이라고 생각합니까?

Check Point!!!

아르바이트, 동아리 활동, 자원봉사, 직장 경험 등 본인의 경험 특히 서비스 분야에서의 경험과 그를 통해 배운 점을 이야기한다. 그러한 경험들과 그 때 배우고 느낀 점들이 승무원으로 일하는데 어떻게 도움이 될 수 있는지 구체적으로 대답하도록 한다.

Example 1

I have worked as a salesperson in a department store. From this experience I learned how to treat customers politely and how to meet their needs quickly. I believe this would be useful for customer satisfaction.

저는 백화점에서 판매원으로 일했습니다. 이 경험을 통해 손님들을 공손하게 대하는 법과 그들의 요구를 신속히 들어드리는 법을 배우게 되었습니다. 이는 고객 만족을 위해 도움이 될 것이라 생각합니다.

Example 2

I have worked in a hotel more than 1 year. I could offer the best service by checking customers' facial expressions and reactions carefully. This experience will be useful when I take care of various passengers in detail.

저는 호텔에서 1년 이상 근무했습니다. 손님들의 표정이나 반응을 유심히 살핌으로써 최고의 서비스를 제공할 수 있었습니다. 이 경험은 다양한 승객들을 꼼꼼히 돌보는데 도움이 될 것입니다.

What is your answer?

Question : How long would you like to work for us?
얼마나 오랫동안 근무하고 싶습니까?

Check Point !!!

'평생' 이라는 대답은 현실적이지 않을뿐더러 성의 없어 보일 수 있다. 그렇다고 해서 '10년', '20년' 처럼 구체인 햇수를 원하는 질문도 아니다. 입사 후 계획이나 포부를 밝힌 후 그러한 꿈들을 이룰 때까지 근무하고 싶다는 식으로 대답하면 된다.

Example 1

I'd like to work for Korean Air until I become one of the best flight attendant so I could be a good role model to others.

최고의 승무원이 되어 다른 사람들에게 좋은 역할 모델이 될 때까지 대한항공에서 근무하고 싶습니다.

Example 2

I'd like to work as long as I feel I'm needed in Asiana Airlines.

제가 아시아나 항공에서 필요한 사람이라고 여겨지는 한 근무하고 싶습니다.

Example 3

I'd like to work for Korean Air until I could be here as an interviewer like you.

지금의 면접관님처럼 이 자리에 면접관으로 있을 수 있을 때까지 대한항공에서 근무하고 싶습니다.

What is your answer?

Question : If you fail this time, what would you do?
이번에 떨어진다면 어떻게 하시겠습니까?

Check Point !!!

오랫동안 준비해 온 면접에 떨어진다면 슬프거나 실망할 것은 당연하다. 중요한 것은, 금방 극복하고 실패의 원인을 분석한 후 재도전하는 긍정적이고 적극적인 자세일 것이다.

Example 1

If I fail, I would be a bit sad because I spent a lot of time for this interview. But I'm sure I could overcome soon and challenge again.

만약 떨어진다면 조금은 슬플 것 같습니다. 왜냐하면 저는 이 인터뷰를 위해 많은 시간을 투자했기 때문입니다. 하지만 금방 극복하고 다시 도전할 것이라 확신합니다.

Example 2

I think I would be a bit disappointed. But if I fail, there must be a reason, I think. Also it could be very useful experience for me. Therefore I would try to find my weakness for next interview.

조금은 실망할 것 같습니다. 하지만 실패한다면 거기에는 분명히 이유가 있을 것이라고 생각합니다. 또한 실패 역시 저에게 아주 좋은 경험이 될 수 있을 것입니다.

따라서 저는 다음 번 인터뷰를 위해 제 단점을 찾아내려 노력하겠습니다.

What is your answer?

Question : If you get hired, what would you like to do?
합격한다면 무엇을 하고 싶습니까?

Check Point!!!

열심히 준비해 온 승무원 면접에 최종 합격한다면 아주 기쁠 것임은 두 말할 나위가 없다. 그 동안 힘이 되어 주었던 친구나 가족에게 작은 선물을 준다거나 식사를 대접하는 등 기쁨을 함께 나누고 싶다는 내용의 대답이 무난하다.

Example 1

If I get hired, I must be very happy. First of all, I would call to inform the good news to my family and friends who supported and encouraged me a lot.

합격한다면 매우 기쁠 것입니다. 가장 먼저, 저를 지지해주고 격려해 주었던 가족과 친구들에게 좋은 소식을 알릴 것입니다.

Example 2

I must be very happy, of course. I would teat my family and friends who are my biggest supporters to share the happiness.

당연히 매우 기쁠 것입니다. 기쁨을 나누기 위해 저의 가장 큰 지지자들인 가족과 친구들에게 한턱 내고 싶습니다.

What is your answer?

Question : Ambition 포부

Check Point!!!

입사 후 계획이나 포부를 밝히면 된다. '맡은 일에 최선을 다하겠다', '훌륭한 승무원이 되고 싶다' 와 같은 상투적인 대답보다는 승무원, 혹은 Professional service person으로써 이루고자 하는 포부를 구체적으로 이야기하도록 한다. 'How long would you like to work for us?' 와 비슷한 내용의 대답이 가능하다.

Example 1

I'd like to be one of the best flight attendant so that I could be a good role model to others.

최고의 승무원이 되어 다른 사람들에게 좋은 역할 모델이 되고 싶습니다.

Example 2

After being a competent and respectable senior crew, I'd like to be here as an interviewer like you.

유능하고 존경 받는 선배 승무원이 된 후 이 자리에 면접관으로 있고 싶습니다.

Example 3

As an expert in this field, I hope to be recognized from this company. And if possible, I'd like to be a service instructor.

이 분야의 전문가로 회사로부터 인정을 받고 싶습니다. 그리고 가능하다면 서비스 교관이 되고 싶습니다.

What is your answer?

Question : Would you like to say anything?
마지막으로 하고 싶은 말이 있습니까?

Check Point !!!

면접을 종료하면서 마지막으로 하고 싶은 말이나 질문이 있는지 물어보는 경우가 많다. 마지막으로 주어진 기회라고 생각하고 기회를 꼭 잡아야 한다. 간혹 전체 질문이 아닌, 답변하기 원하는 지원자에게 손을 들게 한 후 답변의 기회를 주는 경우가 있는데, 면접 중 만족할만한 대답을 못했거나 확실한 인상을 심어주지 못했다고 생각되는 경우에는 반드시 손을 들어 인상적인 답변을 하도록 하자. 긴장해서 제대로 대답하지 못했던 질문에 대해 양해를 구한 후 다시 대답을 한다거나 입사 후 포부, 감사인사 정도를 이야기하도록 한다.

Example 1

I appreciate your hospitality and I really enjoyed meeting with you. I' m ready to be the best flight attendant in Korean Air. Also I' m confident that I could make a significant contribution in this company.

따뜻하게 대해주셔서 감사 드리며 만나 뵙게 되어 정말 즐거웠습니다. 저는 이곳 대한항공의 최고의 승무원이 될 준비가 되어 있습니다. 또한 제가 이 회사에서 큰 기여를 할 수 있을 것이라고 확신합니다.

Example 2

Thank you very much for giving me a chance for this interview. Today I' m here to be the best flight attendant for Asiana Airlines. I hope you give me a chance to make my dreams come true.

인터뷰 기회를 주셔서 대단히 감사합니다. 오늘 저는 아시아나 항공의 최고의 승무원이 되고자 이곳에 왔습니다. 저에게 꿈을 이룰 기회를 주시기를 희망합니다.

What is your answer?

Question : If you spill a cup of hot coffee to a passenger, what would you do? 만약 손님께 뜨거운 커피를 쏟으면 어떻게 하겠습니까?

Check Point !!!

뜨거운 음료를 손님께 쏟게 될 경우에는 먼저 사과를 드리고 얼음이나 차가운 물수건 등을 제공해 드려야 한다. 기내에는 화상 연고가 준비되어 있으므로 손님께서 필요로 하시는 경우 화상 연고를 준비해 드린다.

Example

I would apologize to the passenger immediately. And then I would offer him a wet towel and medicine, if necessary. Also I would check the passenger from time to time during the flight.

즉시 그 손님께 사과를 드리겠습니다. 그런 후 손님께 젖은 타월이나 필요하다면 약을 제공해 드리도록 하겠습니다. 또한 비행 중 그 손님을 자주 체크해 보도록 하겠습니다.

What is your answer?

Question : If a passenger complains that it is cold in the cabin, what would you do? 손님께서 기내가 춥다고 불평하시는 경우 어떻게 하겠습니까?

Check Point !!!

손님께서 기내 온도가 춥다고 하시는 경우 우선 불편을 드린 점에 대해 사과를 드린 후 기내 온도를 체크해 본다. 기내 온도가 실제로 낮게 설정되어 있는 경우라면 선배 승무원의 허락을 득한 후 온도를 조절할 수 있다. 적정 온도로 맞춰지는 데 시간이 다소 소요될 수 있으므로 기다리시는 동안 드실 따뜻한 음료나 담요를 준비해 드리는 것이 좋다.

Example

I would apologize for the inconvenience. Then, I would check and adjust cabin temperature. Also I would offer him a cup of hot tea and a blanket.

손님께 불편을 드린 점에 대해 사과를 드리겠습니다. 그런 후 기내 온도를 점검하여 조절하도록 하겠으며 손님께 뜨거운 차와 담요를 제공해 드리겠습니다.

What is your answer?

Question : If a passenger complains that it is hot in the cabin, what would you do? 손님께서 기내가 덥다고 불평하시는 경우 어떻게 하겠습니까?

Check Point !!!

손님께서 기내가 덥다고 하시는 경우 우선 불편을 드린 점에 대해 사과를 드린 후 기내 온도를 체크해 본다. 기내 온도가 실제로 높게 설정되어 있는 경우라면 선배 승무원의 허락을 득한 후 온도를 조절할 수 있다. 적정 온도로 맞춰지는 데 시간이 다소 소요될 수 있으므로 기다리시는 동안 드실 차가운 음료를 준비해 드리는 것이 좋다.

Example

First of all, I would apologize for the inconvenience. Then, I would check and adjust cabin temperature. Also I would offer him a cold drink.

우선 불편을 드린 점에 대해 사과를 드리도록 하겠습니다. 그런 후 기내 온도를 확인하여 조절하도록 하겠습니다. 또한 손님께 시원한 음료를 제공해 드리도록 하겠습니다.

What is your answer?

Question : If a drunken passenger keeps asking more alcohol, what would you do? 술에 취한 손님께서 술을 더 달라고 하시면 어떻게 하겠습니까?

Check Point !!!

기내는 지상과는 다른 환경으로 인해 술에 취하기가 더 쉽다.

따라서 기내에서 알코올 음료를 제공해드릴 수 있는 횟수에 제한이 있다는 점을 손님께 말씀 드리고 다른 음료나 스낵 등을 제공해드리도록 한다.

Example

I would explain to the passenger that we have a limit on alcohol drinks per passenger by the regulation. Instead I would offer him a snack or non-alcoholic drink.

규정에 따라 손님께 제공해드릴 수 있는 알코올음료에 제한이 있음을 설명 드리겠습니다. 대신 손님께 스낵이나 다른 무알콜 음료를 제공해드리도록 하겠습니다.

What is your answer?

Question : If a passenger smokes in the lavatory, what would you do? 손님께서 화장실에서 흡연을 하신다면 어떻게 하겠습니까?

Check Point!!!

기내에서의 흡연으로 인한 화재는 큰 사고로 이어질 가능성이 있으므로 기내에서는 절대 금연임을 안내해드리도록 한다. 항공기의 안전과 직결된 사항이므로 정중하지만 단호한 태도를 보이는 것이 필요하며 다른 승무원들과 정보를 교환하여 같은 일이 다시 발생하는 것을 방지하는 노력도 필요하다.

Example

I would tell the passenger assertively but politely that smoking is prohibited for safety reason during the flight. Also I would share it with co-workers.

안전상의 이유로 기내에서의 흡연은 금지되어 있음을 단호하지만 정중하게 손님께 안내해 드리겠습니다. 또한 이 사실을 다른 승무원들과도 공유하도록 하겠습니다.

What is your answer?

1

Airline English

Airline English

1

Boarding

C/C : Cabin Crew
PAX : Passenger

◆ 탑승구(인사 및 좌석 안내 승무원)

C/C : Good morning, sir. Welcome aboard!
May I see your boarding pass, please?
Your seat number is 20–A.
Please take this aisle.
Your seat is in the front of the cabin, on your right.
It's a window seat.

※※※

C/C : Good afternoon, ma'am. Welcome aboard!
PAX : Where is 53–K?
C/C : Please take the other aisle.
Your seat is in the back of the cabin, on your left.

Another cabin crew will help you.

PAX : Thank you.

C/C : You're welcome, ma' am.

※※※

C/C : Good evening, ma' am. Welcome aboard!

Do you know your seat number?

PAX : It' s 40-G.

C/C : Please take that aisle.

Your seat is in the back of the cabin, on your left.

It' s an aisle seat.

◆ 2층 좌석 손님

C/C : Good afternoon, sir. Welcome aboard!

Do you know your seat number?

PAX : It' s 8-J.

C/C : Your seat is upstairs, sir. Please use those stairs.

※※※

C/C : Good morning, sir. Welcome aboard!

May I see your boarding pass, please?

PAX : Yes, here you are.

C/C : Your seat number is 10-A.
Please go straight until you see the stairs.

PAX : Thank you.

C/C : It's my pleasure, sir.

◆ 각 Zone 승무원

C/C : Good morning, ma' am. May I see your boarding pass, please?
This way, please. Here you are. Have a nice flight.

※※※

C/C : Welcome aboard, sir. Do you know your seat number?
This way, please. Here is your seat. Enjoy your flight!

※※※

C/C : Good morning, ma' am. May I help you with your belongings?

PAX : Thank you.

C/C : May I help you find your seat?

PAX : Yes, please. It's 53-K.

C/C : This way, please.

Your seat is right here, ma'am. Have a nice flight.

◆ 손님이 복도를 막고 있을 때

C/C : Excuse me, ma'am. Would you mind stepping aside, please?
Other passengers need to get by. Thank you, ma'am.

※※※

C/C : Excuse me, sir. Would you please step aside to let these people through?

※※※

C/C : Excuse me, sir. Would you please take your seat during boarding?
We have to keep the aisle open during boarding.
PAX : Oh, I'm sorry.
C/C : Oh, that's all right, sir. Have a pleasant flight.

※※※

C/C : Excuse me, sir. May I help you?

PAX : No, I'm just stretching.

C/C : I'm sorry, sir. But would you mind taking your seat during boarding, please?

◆ 비상구 착석 손님에게

C/C : Excuse me, sir.

You are sitting in the emergency exit row.

Please, do not open the emergency exit door without the cabin crew' s instructions.

PAX : Okay.

C/C : Are you willing to help us in an emergency evacuation?

PAX : Sure. What would I have to do?

C/C : You would have to help the cabin crew evacuate the aircraft. Please refer to this passenger safety briefing card for more information.

PAX : Okay.

C/C : Thank you. sir.

◇ 아기와 함께 탑승한 손님(Bulkhead Seat 손님)

C/C : Good afternoon, ma'am. Welcome aboard!
May I help you with your bags?
May I see your boarding pass, please?
This way, please.
Here is your seat. Would you like to have a bassinet for your baby?

PAX : Yes, please.

C/C : Certainly, ma'am. I'll be back to set up a bassinet for your baby after take-off. It is for your baby's safety, ma'am.

PAX : Thank you.

·
·
·

(이륙 후...)

C/C : ma'am, here is a bassinet. Let me set it up for you. If you need anything else, please let me know.

PAX : Thank you very much.

C/C : It's my pleasure. Enjoy your flight.

◆ 어머니와 어린이 손님

C/C : Excuse, ma'am. May I help you with your bags?

PAX : Yes, please. Thank you.

C/C : You're welcome. May I help you find your seat?

PAX : Yes, please. It's 42-D.

C/C : Come this way, please.
Here you are. These are your seats, ma'am.
Would you mind keeping your bags under your seat, please?

PAX : Thank you.

C/C : You're welcome, ma'am. If you need anything during the flight, please let me know. Enjoy your flight, ma'am.

◆ 화장실 사용

시간 여유 있을 때

PAX : Where is the lavatory?

C/C : You can find it down the aisle.

PAX : Thank you.

C/C : You're welcome.

※※※

PAX : May I use the lavatory now?

C/C : Alright, sir, but please hurry.
We'll be taking off soon.

탑승이 끝나고 잠시 후에 이륙할 때

PAX : Can I use the lavatory?

C/C : I'm sorry, sir, but would you mind using the lavatory after take-off, please? We'll be taking off shortly.

PAX : Okay.

Tip

기내에서 비행안전 비디오 상영이 끝나고 이륙 준비가 끝난 뒤에는 화장실 사용 금지.

◆ 상위 클래스

상위 클래스 담당 승무원들은 손님의 좌석을 안내하고 상의를 걸어 드리거나 큰짐을 Coatroom에 보관해 드린다.

그리고 지상에서 손님들의 탑승이 어느 정도 끝나면 Welcome Drink 및 Towel 서비스를 실시한다.

C/C : Good morning, sir. Welcome aboard!
May I see your boarding pass, please? Thank you.
This way, please. May I help you with your bags?
Here's your seat, Mr. Smith.

PAX : Thank you.

C/C : May I keep your baggage in the coatroom?

PAX : Yes, please.

C/C : Is there anything in your bag that you might need during the flight?

PAX : Yes, let me take my laptop and glasses.

C/C : I'll store your bag in the coatroom and return it before deplaning.

If you need anything from your baggage, please let us know.

※※※

C/C : Would you like me to hang your jacket up in the coatroom?

PAX : Yes, please.

C/C : Do you have any valuable items in your jacket, Mr. Smith?

PAX : Yes, I do.

C/C : Then, please keep them with you.

PAX : Let me get out my wallet.

C/C : I'll return your jacket to you before landing.

PAX: Thank you very much.

C/C : You're welcome. If there is anything you need, please let us know. Enjoy your flight.

※※※

C/C : Good afternoon, sir. Welcome aboard.
Do you know your seat number?

PAX : It's 7–A.

C/C : This way, please. Here you are, Mr. Taylor. Would you like me to keep your bag in the coatroom?

PAX: That' s fine.

C/C : Do you have anything in your bag that you might be using during the flight.

PAX : No, I don't.

C/C : Let me store your baggage, and I' ll return it before deplaning.
If you need anything from your bag, please let me know.
May I take your coat?

PAX: Yes, thank you.

C/C : Do you have any valuable items in your coat, Mr. Taylor?

PAX : Yes, I do.

C/C : Please keep them with you.

PAX: Let me get my passport out.

C/C : I' ll bring it back before landing.

PAX: Thank you.

C/C : You' re welcome, sir. If you need anything else, please let me know.
Have a nice flight.

호칭

- Man – Mr. + Family name ex) Mr. Smith
- Married woman – Mrs. + Family name ex) Mrs. Smith
- Single woman – Miss + Family name ex) Miss Smith
- Woman(don't know status) – Ms. + Family name ex) Ms. Smith
- Child (up to about 14years old) –by their first name ex) Michael

2

Airline English

Airline English

2

Carry-on Baggage

C/C : Cabin Crew
PAX : Passenger

◆ 기내 반입 초과한 수하물 손님

C/C : Excuse me, sir.
I'm sorry, but I'm afraid your carry-on baggage is too large for the cabin.
It will have to be put in cargo.
You can pick it up at baggage claim upon arrival.
Thank you for your understanding.

◆ 무거운 짐

C/C : I'm sorry, ma'am, but I'm afraid your bag is too heavy for the overhead bin. Please keep it under your seat.

Thank you.

※※※

C/C : Excuse me, sir. Would you mind putting it under your seat? It might fall out during the flight. Thank you, sir. Have a nice flight.

◆ 깨질 우려가 있는 물건

C/C : Excuse me, sir. Do you have any fragile items in your bag?

PAX : Yes, I do.

C/C : I' m sorry, sir, but would you mind keeping your bag under your seat? Thank you.

◆ 복도에 짐을 두었을 때

C/C : Excuse me, ma' am. Is this bag yours?

PAX : Yes, it's mine.

C/C : I'm sorry, but we need to keep the aisle clear at all times. Would you mind putting your bag in the overhead bin or under the seat?

PAX : All right.

C/C : Thank you.

※※※

C/C : Excuse me, sir. Are these bags yours?

PAX : Yes, why?

C/C : I'm sorry but all aisles and exits must be kept clear during the flight.
Would you mind keeping your bags under your seat, please?

PAX : Oh, sure. I'm sorry.

C/C : Oh, that's alright. Have a nice flight.

※※※

C/C : Excuse me, sir. Is this your bag?

PAX : Yes, it is.

C/C : I'm sorry, sir, but we have to keep the aisle open(clear).
Please put your bag in the overhead bin or under your seat.

PAX : I'm sorry. I'll move it right away.

C/C : Thank you.

※※※

C/C : Excuse me, sir. Is this your bag?

PAX : No, that's not my bag.

C/C : I'm sorry to have disturbed you. Enjoy your flight.

◆ 좌석 위에 짐을 두었을 경우

C/C : Excuse me, ma’ am.
Would you mind putting your bag in the overhead bin
or under your seat during take–off and landing?
Thank you.

◆ Bulkhead Seat 수하물

C/C : Excuse me, ma’ am.
Would you mind keeping your bag in the overhead bin,
please?

PAX : Do I have to? I’ d rather keep it close by.

C/C : I’ m sorry, ma’ am. We have to keep this side clear. It’ s for
your safety.

PAX : Okay.

C/C : Thank you.

3

Airline English

Airline
English

3

Seating Arrangement

C/C : Cabin Crew
PAX : Passenger

◆ 일행과 같이 앉고 싶어할 때

PAX : Excuse me. My friend and I are sitting in separate seats. Is it possible for us to sit together?

◆ 좌석여유 있는 경우

C/C : We have some seats in the middle of the cabin. Would that be all right, sir?

PAX : Okay.

C/C : This way please. May I help you with your belongings? Here you are. Where is your friend sitting?

PAX : He's over there.

·

·

C/C : Excuse me, sir. We have some seats available so you and your friend may sit together.

This way please. Here you are. Have a nice flight.

◆ 좌석 확인이 어려운 경우

C/C : I'm not sure if there are any seats available right now.

I' ll see if it can be arranged and let you know as soon as possible.

(잠시 후에 돌아와서)

C/C : I' m sorry to have kept you waiting, sir.

We have some empty seats available in the back of the cabin.

Would that be all right?

This way, please. Here you are. Enjoy your flight.

◆ 좌석여유 없는 경우

C/C : I' m sorry to have kept you waiting, sir. I' m afraid all the

seats are occupied today.
However, I'll see if it can be arranged.
Where is your friend sitting?
Just a moment, please. Let me see what I can do.

◆ 혼자 앉아 있는 손님에게 요청

C/C : Excuse me, ma' am. I' m sorry to bother you, but we have company sitting in separate seats.
Would you mind changing seats so they may sit together?
PAX : Okay. Where should I sit?
C/C : Thank you very much, ma' am.
The seat number is 35-H. It's an aisle seat.
Would that be all right?
PAX : Okay.
C/C : May I help you with your bags?
This way, please. Here you are.
I' m sorry for the inconvenience.
If you need anything during the flight, please let me know.

※※※

C/C : Excuse me. sir. I' m sorry to bother you, but we have a couple who have been assigned separate seats.

Would you mind changing seats so they may sit together?

PAX : I'm sorry. I don't want to move.

C/C : That' s all right, sir.

I' m sorry to have disturbed you.

Please enjoy your flight.

◆ 좌석 변경불가 후 요청승객 응대

C/C : I' m very sorry, sir. I' m afraid I was unable to arrange seats for you and your friend.

If you need anything else during the flight, please let me know.

Again, please accept my apologies.

◆ 좌석 변경

좌석 여유 있을 때

PAX : Excuse, me. Do you have any window seats in the front of the cabin?

C/C : Just a moment, please. I'll see what's available, sir.

.

.

We have some window seats in the front of the cabin. Would you like to sit there, sir?

PAX : Yes, that'll be fine.

C/C : This way, please. Here you are. Enjoy your flight.

좌석 여유 없을 때

PAX : Could I change my seat?

C/C : Where would you like to sit, sir?

PAX : Emergency exit row, if possible.

C/C : Just a moment, please. I'll check it for you, sir.

.

.

Thank you for your waiting, sir.
I'm sorry but I'm afraid all the seats in emergency exit row are occupied. Is there anything else I can do for you?

◆탑승권 중복된 경우

해당 손님 모두에게

C/C : May I see your boarding pass, please? Thank you.

나중에 온 손님에게

C/C : I am sorry, sir.

There has been a mistake in seating assignments.

Would you mind waiting while I check on this?

.

.

C/C : I' m sorry to have kept you waiting, sir.

I have a seat for you now.

Your seat is 20-K. This way please.

I' m sorry for the inconvenience. Please enjoy your flight.

◆ 손님이 다른 좌석에 앉아 있을 때

C/C : May I see your boarding pass, please? Thank you.

Sir, I' m afraid your seat is 47-A. This seat is 46-A.

Would you mind moving to this seat? Thank you.

※※※

C/C : Excuse me, sir. May I see your boarding pass, please?

Thank you.

I'm sorry, but I'm afraid you might be in the wrong seat.

Your seat is right behind this one.

Would you please change your seat?

※※※

C/C : May I see your boarding pass, please? Thank you.
I'm sorry, but I'm afraid you're the wrong seat.
Your seat is two rows in front of this one.
Would you mind changing seats, please?

◆ Baby Bassinet 요청 손님

PAX : Excuse me. Can I use a baby bassinet?

◆ 설치가능한 bulkhead seat에 앉아 있는 경우

C/C : Certainly, ma'am. I'll bring you a baby bassinet after take-off.

.

.

C/C : Ma'am, here is a baby bassinet, an extra blanket and pillow.
I'll set up a baby bassinet for you.
Please use this bag as waste container.
If you need anything else, please let me know.

PAX : Thank you so much.

C/C : You' re welcome. Enjoy your flight!

◆ bulkhead seat이 아닌 경우

C/C : Excuse me, ma' am.

Will you need a baby bassinet?

PAX : Yes, please.

C/C : Then, you will need to change to a bulkhead seat to use it.

Let me see what I can do about changing your seat.

◆ bulkhead seat에 앉아 있는 손님에게 좌석변경 문의할 때

C/C : Excuse me, sir

Would you mind changing seats?

A woman with a baby wants to use a baby bassinet.

She needs to have a bulkhead seat like this one.

PAX : Sure.

C/C : Thank you very much, sir. May I help you with your bags?

This way, please. Here you are.

I' m sorry for the inconvenience.

If you need anything during the flight, please let me know.

4

Airline English

Airline English

4

Ground Service

C/C : Cabin Crew
PAX : Passenger

손님들은 좌석에 앉으면서 필요한 사항들이 있으면 승무원에게 요구를 하며, 시간적 여유가 있을 때 승무원들은 적절하게 응대해야 한다.

상위 클래스에서는 손님 탑승 시 좌석 안내에 이어 Slippers & Headphone 서비스, Amenity Service(노선에 따라)를 하며 이어서 Welcome drink 및 Towel 등을 서비스하고 회수한다.

◇ blanket 요청손님

PAX : Can I have a blanket?

C/C : Certainly, ma' am. I' ll get that for you in just a moment.

.

.

I' m sorry to have kept you waiting. Here is your blanket.

If you need anything else, please let me know.

◆ 신문서비스

C/C : Would you care for an English newspaper?

PAX : Yes, please.

C/C : We have The New York Times and The Wall Street Journal. Which one would you like?

PAX : The New York Times, please.

C/C : Certainly, sir. Here you are. Enjoy your flight.

※※※

C/C : Would you like to read a newspaper, sir?

PAX : I'll have The New York Times.

C/C : Certainly, sir. Here you are. Have a nice flight.

◆ 신문이 떨어졌을 때

PAX : Can I have The Wall Street Journal, please?

C/C : I' m sorry, but I' m afraid we' ve run out of The Wall Street Journal.

Would you care for The New York Times instead?

◆탑재되지 않은 신문을 찾을 때

PAX : Do you have The Herald Tribune?

C/C : I'm sorry, sir, but I'm afraid The Herald Tribune is not loaded in Seoul.

Would you care for The New York Times or The Wall Street Journal instead?

※※※

PAX : Can I have The Korea Times, please?

C/C : Let me check if we have that newspaper.

Just a moment, please.

I'm sorry, sir, but I'm afraid we don't have The Korea Times.

Would you care for The New York Times or The Wall Street Journal instead?

◆탑승 중 음료 찾을 때

PAX : Excuse, me. Can I have a glass of water?

C/C : Certainly, ma'am. I'll get it for you right away.

.

.

Thank you for your waiting, ma'am. Here's your drink. Have a nice flight.

◆상위클래스

각종 Amenity service

C/C : Here are your slipper, headset and Traveler's kit. Enjoy your flight.

◆welcome drink

C/C : Excuse, sir. Would you care for something to drink before take-off?

PAX : Yes, let me have a glass of champagne.

C/C : Certainly, sir. We have Dom Perignon and Perrier Jouet Belle Epoque.

Which one would you prefer?

PAX : Dom Perrignon, please.

C/C : Certainly, sir. I'll get you Dom Preeignon, right away.

.

.

Here you are. Enjoy your flight.

※※※

C/C : Excuse, Mr. Miller. Would you care for a drink before take-off?

PAX : Yes. Can I have a glass of Champagne?

C/C : Certainly, Mr. Miller. We have Taittinger Comtes de Champagne and Perrier Jouet Belle Epoque.

Which would you like?

PAX : What do you recommend?

C/C : I'd like to recommend Taittinger Comtes de Champagne. It's made from chardonnay. Would you like to try it?

PAX : Sure.

C/C : Certainly, Mr. Miller.

※※※

미주 구간 Ground에서 알코올 음료 찾을 때

C/C : Excuse, sir. Would you like something to drink before take-off?

PAX : Sure. Can I have a glass of wine?

C/C : I'm sorry, sir, but according to US customs law, alcohol can't be served on the ground of US airports.

Would you care for a soft drink or some juice instead?

Tip

미주 구간에서 출발할 때는 미국 세관법에 의해서 지상에서 알코올 음료 서비스를 할 수 없음

◆ 회수

C/C : Would you care for some more champagne, Mr. Miller?

PAX : No thanks.

C/C : May I take your glass?

※※※

C/C : Are you finished drinking your champagne?

※※※

C/C : Excuse, me, Mr. Miller. Have you finished your champagne? May I take your glass?

PAX : No, not yet.

C/C : I'm sorry, Mr. Miller. I'll come back later.

◆ Hot towel service

C/C : Would you like a hot towel?

Please be careful. It's very hot.

.

.

Excuse me, ma'am. Have you finished with your towel?

※※※

C/C : Would like to use a hot towel? It's hot, ma'am. Be careful.

.

.

Excuse me, ma'am. May I have your towel?

5

Airline English

Airline English

5

Preparing for take-off

C/C : Cabin Crew
PAX : Passenger

◆ Preparing for take-off

C/C : Excuse, me, sir.
Would you please fasten your seatbelt?
Thank you.

※※※

C/C : Excuse, me, ma'am.
Would you mind fastening your seatbelt, please?
Thank you.

◆ 좌석벨트를 매지 않으려 할 때

C/C : Excuse, me, sir.

Please fasten your seatbelt.

We can 't depart until all passengers have fastened their seatbelts.

It' s an airline regulation.

After take-off, you can unfasten your seatbelt.

Thank you.

◆ 어린이가 좌석벨트를 매지 않았을 때

C/C : Excuse, me. Please fasten your seatbelt.

You're such a good girl.

(보호자에게)

C/C : Ma'am. Please hold your child if she doesn't want to fasten her seatbelt.

◆ 보호자가 아기와 함께 벨트 착용 시

C/C : Excuse me, ma'am.

Would you mind holding your baby outside your seatbelt?
That will be more comfortable and safer for the baby.

※※※

C/C : Excuse me, ma' am.
Please fasten your seat belt only around yourself and hold your baby outside your seat belt.
It' s much safer and more comfortable for your baby.

◈ 어린아이 좌석벨트가 헐거울 때

C/C : Let me put this pillow under your seatbelt.
There. Isn't that better?

※※※

C/C : Would you like me to put this pillow under your seatbelt?
It'll be more comfortable.

이륙준비(모든 손님들에게)

C/C : Excuse me, sir. Would you mind putting your seat upright, please?

※※※

C/C : Would you mind putting your seat back upright?

※※※

C/C : Would you mind returning your seat back to the upright position, please?

※※※

C/C : Would you please return your seat back to the upright position?

C/C : Would you mind closing your tray table, please?

※※※

C/C : Would you please fold your tray table?

※※※

C/C : Would you mind putting your tray table away, please?

C/C : Would you mind opening your window shade, please?

C/C : Would you please open your window shade?

※※※

C/C : Would you mind putting your footrest away, please?

※※※

C/C : Would you mind closing your footrest, please?

C/C : Would you mind putting your IVS monitor away, please?

C/C : Would you mind putting your bag in the overhead bin or under your seat, please?

◇이륙전 화장실 가려는 손님

C/C : Excuse me, sir.
Could you wait until after take-off, please?
You can get up when the captain turns off the seatbelt sign.

PAX : How long will it take?

C/C : We'll be taking off very soon.

◆ 이륙직전 손님이 일어날 때

C/C : Please sit down!
We are taking off now!
Please sit in your seat and fasten your seatbelt!
Thank you for your cooperation.

◆ 출발지연

PAX : Excuse me. Why are you on the ground?
C/C : I'm sorry, sir. We're waiting for some passengers to come on board.
We'll be departing as soon as they arrive.

※※※

PAX : Miss, Why aren't we moving yet?
C/C : I'm sorry, ma'am. We're waiting for the departure documents to arrive.
We will try to take off as soon as possible.

※※※

PAX : Excuse me. What's the reason for the delay?

C/C : We are very sorry for the delay.

It's due to traffic congestion at the airport.

PAX : How long will we be delayed?

C/C : We expect to depart in 10 minutes.

※※※

PAX : Why aren't we leaving yet?

C/C : We're very sorry for the inconvenience, but we'll be delayed for a while.

PAX : When will we depart?

C/C : We're not sure when we'll be able to depart.

We'll let you know the departure time as soon as we get it from the captain.

※ ※ ※

C/C : We're very sorry for the delay, ma'am.

We're now waiting for the departure clearance from the Chinese Airport Authority.

We'll depart as soon as possible.

6

Airline English

Airline English

6

Document Service

C/C : Cabin Crew
PAX : Passenger

◆한국 입국

C/C : Excuse me, ma' am.
Are you staying in Korea?
PAX : Yes, I' ll be in Korea for 5days.
C/C : Then, you need to fill out this entry card and customs declaration card. (* health questionnaire)

Tip

동남아 등 일부 국가에서 온 경우에만 검역설문서 작성

◆ Domestic transit

C/C : Excuse me, Mr. Taylor. Where is your final destination?

PAX : Busan.

C/C : Here's your entry card and customs declaration form.

PAX : Well, I think I don't have to fill out the customs declaration form.
I've nothing to declare.

C/C : I'm sorry, Mr. Taylor, but I'm afraid all passengers need to fill out the customs declaration form.

PAX : Do I need to get my baggage back at the Seoul-Incheon Airport?

C/C : Are you flying with Asiana Airlines to Jeju, Mr. Taylor?

PAX : Yes, I am.

C/C : You need to pick your baggage up at the airport.
After claiming your baggage, you'll be to find an Asiana Information Desk on the first floor of the airport.
They'll handle your baggage and check-in.

◆ 한국에서 transit하는 손님(국제선)

C/C : Are you visiting Korea?

PAX : No, I'm in transit to Beijing.

C/C : Will you exit the transit area?

PAX : Yes, I will. I'm planning to take a half-day tour in Seoul.

C/C : Then, you need to fill out this arrival card and customs declaration form.

※※※

C/C : Excuse me, sir. Where is your final destination?

PAX : Manila.

C/C : Will you staying in the airport until your next flight?

PAX : Yes, I'll just wait for a couple of hours in the airport.

C/C : Then, you don' t need to fill out these forms.

PAX : Do I have to pick up my baggage at the Seoul-Incheon Airport?

C/C : Are you going to use Korea Air to Manila?

PAX : Yes, I am.

C/C : You don't have to pick them up in Seoul.
You just need to retrieve them at the Manila International airport.
Your baggage will be transferred by Korea Air to your connecting flight automatically.

◆미국 입국

C/C : Excuse me, sir. Please fill out this customs card.

PAX : I don't have anything to declare.

C/C : I'm sorry, but I'm afraid all passengers need to fill out the customs card.

※※※

C/C : Did you fill out the customs card?

(Group)

C/C : Each passenger must fill out the customs card separately.

(Family)

C/C : Only one customs card is necessary for each family.

Tip

2013년부터 미국 입국 시 입국신고서 작성할 필요 없음.

◆ 태국 입국

C/C : Are you visiting Thailand?

PAX : Yes, I'll be in Thailand for 6days.

C/C : Do you have any items to declare?

PAX : Yes, I do. I have some apples.

C/C : Then, please fill out these forms.

Here's your entry card and customs declaration form.

※※※

C/C : Are you staying in Thailand?

PAX : Yes, I'll be staying in Thailand for a week.

C/C : Do you have anything to declare?

PAX : No, I don't.

C/C : Here's your entry card. Please fill it out in capital letters.

7

Airline English

Airline English

7

Headphone & Towel Service

C/C : Cabin Crew
PAX : Passenger

◆ 헤드폰 서비스

C/C : Would you like a headphone, sir?
Here you are. Enjoy your flight.

※※※

C/C : Here are your headphones.
Have a nice flight.

◆ 영화

PAX : Excuse me.

C/C : Yes, sir?

PAX : I'd like to watch a movie but I don't know how to work this movie system? What do I do?

C/C : Please push the buttons on your handset to change the channels and control the volume.

For more information on how to use the remote control, please refer to the Entertainment magazine located here in your seat pocket.

May I?

.

.

Here's the movie program for this flight. Enjoy your flight.

※※※

C/C : Use the remote control or the touch screen to select your language and to reach the main menu.

For more details on the usage method, please refer to the Entertainment magazine located here in your seat pocket.

※※※

PAX : What channels are the movies on?

C/C : For information about our in-flight entertainment program, please refer to your entertainment magazine located here in your seat pocket.

One moment, please.

.

.

As you can see, we are showing these movies.

We are also showing these short subject programs and the Air Show.

PAX : When does the movie start?

C/C : It will start in about two hours.

PAX : What movies will you be showing?

C/C : We will be showing 'Jack the Giant Slayer' and 'The Last Stand'.

There is more information about the movies in your in-flight entertainment magazine, located here in your seat pocket.

Just a moment, please.

.

.

Here is the movie program for this flight.

◆음악

PAX : What kind of music is available?

C/C : We have pop, rock, jazz, and classical music.

There is more information about our musics in your in-flight entertainment magazine, located here in your seat pocket.

Just a moment, please.

.

.

Here is our music program.

A330 AVOD 사용법

1. Plug your headphone, and operate the system by using handset.
2. You may operate and navigate AVOD system through the handset.
3. Choose movies, short subject program, channel of different genre, or albums that you may want to review.
4. While you're on the interactive mode, the monitor will be automatically off, unless you input your handset in 5min. However, Jukebox(MY Song), a part of an audio programs doesn't have monitor-sleep mode, while you're watching films and trailers.
5. Touch-screen is available only at economy class.

◆ 헤드폰 상태

PAX : My headphone is not working.

C/C : I'll check it for you, sir.

Can you hear anything now?

PAX : No, I still can' t hear anything.

C/C : I will get you another headphone right away.

◆ 헤드폰이 작동되지 않을 경우

C/C : Please try this headphone. Is it working?

PAX : No, it' s not.

◆ 다른 헤드폰으로 한번 더 확인할 경우

C/C : I'm sorry, sir.

Let me get you another headphone and see if it work.

.

.

Please try this one. Is it working?

PAX : No, it's not.

◆ 좌석에 문제가 있을 경우

C/C : I'm afraid the sound system in this seat is out of order.
I' ll see if there are any empty seats available.
Just a moment, please.

◆ 좌석 여유 있을 때

C/C : Excuse me, sir. We have an empty seat in the middle of the cabin. Would you like to move to that seat?
The sound system is working there.
PAX : Sure.
C/C : This way, please. Here you are.
I' m sorry for the inconvenience.
Please, enjoy the entertainment program.

◆ 여유 좌석 없을 때

C/C : I' m sorry, sir. I' m afraid all seats are occupied.
PAX : That' s okay. Don' t worry about it.
C/C : I'm really sorry, sir.
If you need anything else, please let me know.

◆ 타월서비스

C/C : Would you like a hot towel?

Please be careful. It' s hot.

.

.

C/C : Excuse me, ma'am.

Have you finished with your towel?

May I take your towel?

Thank you.

※※※

C/C : Here's your hot towel.

It's very hot. Please be careful.

.

.

C/C : May I have your towel?

8

Airline English

Airline English

8

Beverage Service

C/C : Cabin Crew
PAX : Passenger

What is APERITIF?
Drinks which are low in alcohol and have sour taste such as cocktails, white wine and juice make good aperitifs.

◆ 국제선 중/장거리(와인 서비스 있음) Aperitif Service

C/C : Excuse me, ma' am.
Would you care for something to drink before your meal ?
PAX : Yes, please. What do you have?
C/C : We have juices, soft drinks as well as a selection of wine and alcohol.
What would you like?

PAX : I'd like to have some juice.

What kind of juice do you have?

C/C : We have orange, pineapple and tomato juice, ma'am.

PAX : May I have tomato juice, please?

C/C : Certainly, ma' am.

Here is your tomato juice and a snack mix.

Enjoy your drink.

※※※

C/C : Excuse me, sir.

Would you like something to drink before your dinner?

PAX : Yes, I'll have a gin, please.

C/C : How would you like your gin, sir?

PAX : Tonic, please

C/C : Certainly, sir. Just a moment, please.

Here's your gin and tonic. Enjoy your drink, sir.

※※※

C/C : Excuse me, sir.

Would you like something to drink before your lunch?

PAX : Can I have a whisky, please?

C/C : Certainly, sir. How would you like your whisky?

PAX : I'll have it straight.

C/C : Certainly, sir. Would you like a chaser?

PAX : Ginger ale, please.

C/C : Sure. Here you are. Enjoy your drink, sir.

◆칵테일을 만들 수 없는 경우 (칵테일 재료 탑재 안될 때)

C/C : Excuse me, sir.

Would you care for something to drink?

PAX : Do you have pina colada?

C/C : I am sorry, sir, but I'm afraid we don't serve pina colada.

Would you care for something else?

PAX : I'll have a whisky and coke, please.

C/C : Certainly, sir.

Here is your whisky and coke and a snack mix.

Enjoy your drink.

※※※

PAX : I'd like a Tom collins.

C/C : A Tom collins?

I'm afraid I don't know that drink.

Could you tell me how it's made?

PAX : It is made of gin, lemon juice and soda water.

C/C : I'm sorry, sir.

I'm afraid we don't have lemon juice on board.

So, we can't serve a Tom collins.

Would you like something else, instead?

PAX : Could you recommend something?

C/C : I'd like to recommend a orange blossom.

It's made of gin and orange juice.

PAX : I'll try that.

C/C : Here you are. I hope you enjoy it.

◆ 잘 모르는 칵테일 주문 시

C/C : Excuse me, ma'am.

Would you care for something to drink?

PAX : A Tomboy, please.

C/C : A Tomboy?

I am sorry, sir, could you explain how it's made?

PAX : Sure. It is half beer and half tomato juice.

C/C : Certainly, ma'am. Just a moment, while I prepare your cocktail.

·

·

Here is your Tomboy. How is it?

PAX : Good. Thank you.

◆칵테일서비스 후

C/C : How is your drink, sir?

PAX : It' s fine.

C/C : If you need anything else, please let me know.

※※※

알코올이 강할 때

C/C : How is your drink, ma'am?

PAX : It' s a little strong actually.

C/C : I' m sorry, ma'am.
If you'd like, I could add more orange juice.

PAX : Yes, please.

C/C : Here you are. How is it now?

PAX : Good. Thank you.

C/C : You're welcome. Enjoy your drink.

※※※

알코올이 약할 때

PAX : Excuse, me. My whisky and coke is very weak.

C/C : I'm sorry, sir. I'll add some more whisky.

PAX : Yes, please.

C/C : Here you are. How is it this time?

PAX : That' s much better. Thank you.

C/C : You' re welcome. Enjoy your drink.

◇ What is Cocktail ?

The beverage, which are mixed or shaken with at least two kinds of beverage.

Cocktail : Base + Mixer + Garnish

- Base : Distilled liquor when making a cocktail
- Mixer : A beverage mixed with the base of a cocktail
- Garnish : A decoration added to food or beverages to enhance the taste or appearance

◇ How to service Cocktail?

- Cocktail should be served right after making
- Place the muddler into a cocktail with ice
- Serve with a snack mix and cocktail napkin
- Ask the passenger how it tastes

◆ 와인 미탑재 구간에서 손님 요청 시

PAX : Could I have a glass of wine?

C/C : I' m sorry, sir, but I'm afraid we don't offer wine on this flight.

Would you care for something else?

We have beer and a selection of alcohol.

◆ 주문한 음료가 없을 때

PAX : Excuse me. Give me some mango juice, please.

C/C : I'm sorry, ma'am.

I'm afraid we don't have mango juice on board.

Would you like something else?

We have orange, pineapple and tomato juice.

◆ 음료 쏟았을 때

C/C : I' m terribly sorry, ma' am.

I will get something to wipe that off for you.

.

.

C/C : Ma' am, may I help you wipe it off(clean it up)?

PAX : That's okay. Never mind.

C/C : I' m really sorry, ma' am.

I' ll get you another drink right away.

※※※

C/C : Oh, I' m sorry, sir.

I'll get something to clean it up.

.

.

C/C : May I help you clean it up, sir?

PAX : It' s all right.

C/C : I' m really sorry, sir.

I' ll bring you another drink right away.

◆ 컵 회수

C/C : Excuse me, sir. Have you finished your drink?

May I take your cup?

Would you care for another drink?

C/C : Did you enjoy your drink?

May I take away your glass?

Can I get you something else to drink?

상위 클래스에서 제일 시니어 승무원은 손님에게 메뉴(와인 리스트)를 드리면서 자기 소개를 하며 이어서 다른 승무원이 손님에게 주문을 받아 Galley에서 준비하여 서비스 한다.

◆ INTRODUCTION

CREW : Good evening, Mr. Davis.
My name is Bo-Young Kim.
I'm the senior cabin crew in First class today.
I' ll be serving you together with two other cabin crew.
We are very glad to serve you.
The flight time after take-off will be 13 hours and 25 minutes, Mr. Davis.
There is a 14 hour time difference between New York and Seoul.
New York is 14 hours behind Seoul.
We will do our best to ensure you have a comfortable flight to New York.
If you need anything during the flight, please let us know.
Have a nice flight, Mr. Davis.

◆ 메뉴 서비스

C/C : Excuse me, Mr. Davis.
Here' s our menu and this is our wine list.

PAX : Thank you.

C/C : Our crew (Someone) will be along shortly to take your order.

◆ Aperitif 주문

C/C : Would you like an aperitif before your meal, Mr. Davis?

PAX : What do you have?

C/C : We have soft drinks, juices as well as a selection of wine and alcohol. What would you like?

PAX : I' d like to have some white wine.

C/C : Would you care for French or California white wine?

PAX : French white wine, please.

C/C : Which white wine would you prefer, a Bordeaux or Burgundy ?

PAX : Let me try the Burgundy.

C/C : Certainly, Mr. Davis.
I'll bring you the Burgundy, Macon Villages 2004, right away. Just a moment, please.

Here's your French white wine, Macon Villages 2004.

Would you like to taste it first?

PAX : Yes, please.

That's good. I'll have this one.

C/C : I'm very glad you like it, Mr. Davis.

※※※

C/C : May I get you something to drink before your dinner?

PAX : I' d like some wine. What would you recommend?

C/C : White wine makes a good aperitif, especially sauvignon blanc.

Our sauvignon blanc is Robert Mondavi, 2002.

It' s a California wine with a citrus fruity flavor.

It has aromas of ripe fruit, green grass and honey.

Would you like to taste it first?

PAX : That sounds good. Yes, I would.

C/C : Certainly, Mr. Moore.

I' ll get you Robert Mondavi, 2002, right away.

◆ How to open wine?

1. Cut off the plastic wrap surrounding the cork with a foil cutter
2. Place the corkscrew in the middle of the cork
3. Slowly turn the corkscrew until the cork can easily be removed
4. Clean the rim of the bottle with a napkin

◆ How to service wine?

1. Wine label showing
2. Pour
3. Stop
4. Twist
5. Make eye contact

9

Airline English

Airline English

9

Meal Service

C/C : Cabin Crew
PAX : Passenger

◆한종류의 식사만 제공될 때

C/C : Excuse me, sir. we are serving lunch, now.
Would you mind opening your tray table, please?
Here's your meal. It's fish with steamed rice.
Enjoy your meal.

※※※

노약자나 infant 동반 손님 등

C/C : Excuse me, ma'am. we are serving lunch, now.
May I set up your table, please?
Here's your meal. It's chicken with fried rice.
Enjoy your meal.

◆ 손님이 다른 식사 요청할 때

PAX : I don' t like fish. Don't you have anything else?

C/C : I' m sorry, ma'am. I' m afraid we only have fish for lunch today.

PAX : Oh, I' ll have the meal then.

C/C : I' m sorry, ma'am. Here you are.
Would you care for something to drink?

PAX : Diet coke, please.

C/C : Certainly, sir. Here you are.
If you need anything else, please let me know.

◆ 두 종류의 식사 제공 (중/장거리 구간)

C/C : Sir, we' re serving dinner, now.
Would you please open your tray table?
We have a choice of beef steak with broccoli and chicken with fried rice.
Which would you prefer?

PAX : I' ll have the beef.

C/C : Here you are.
Would you care for some wine with your meal?
We have a French red wine and a Chilean white wine.
Our French red wine is Noble médoc and our Chilean

white wine is Santa Carolina.

PAX : What do you recommend?

C/C : Red wine goes well with steak.

I'd like to recommend our French red wine, Noble médoc.

It's a dry, medium bodied red wine.

Would you like to try?

PAX : Sure.

C/C : Here you are. Would you like something else to drink?

PAX : No, thank you.

C/C : Enjoy your meal, sir.

◆ 비빔밥 서비스

C/C : Excuse me, ma' am, we are serving lunch now.

We have steak with broccoli and Korean Bibimbab.

Which one would you like?

PAX : What' s Bibimbab?

C/C : It' s a traditional Korean dish served in a bowl with fresh vegetables, steamed rice, some beef and hot pepper paste on the side which you mix together.

Would you like to try it?

PAX : Yes, I'll try the Bibimbap, then.

C/C : Certainly, ma' am.

Please be careful. The hot pepper paste is a little spicy.

PAX : That' s okay. I like spicy food.

C/C : Here' s your Bibimbap.

Would you like something to drink?

Enjoy your meal, ma' am.

※※※

C/C : What would you like to have for lunch, sir?

We have beef stew with potatoes and Korean Bibimbab

P/P : What' s Bibimbab?

C/C : It' s a traditional Korean dish served in a bowl with fresh vegetables and beef. You mix these together with rice and hot pepper paste.

PAX : That sounds good. I' ll have the 'Bibimbap' .

C/C : Certainly, sir. Please be careful.

The hot pepper paste is very spicy.

Would that be all right?

PAX : Oh, really?

C/C : But you may add as little or as much as you want according to your taste.

PAX : Okay.

C/C : Certainly, sir. Here you are.

Enjoy your meal.

Tip

How to eat 'Bibimbap'

1) Put the steamed rice into the 'Bibimbap' bowl.
2) Add hot pepper paste and sesame oil to the desired taste.
3) Mix the ingredients well.

◆ 손님이 원하는 식사가 떨어졌을 때

PAX : I'll have beef steak.

C/C : I'm sorry sir, but I'm afraid we've run out of that meal.
We only have fish available.
Is that be alright?

PAX : Okay.

C/C : Here you are. Please, enjoy your meal.
Would you like some wine or something else to drink?

※※※

PAX : I'd like the beef steak, please.

C/C : I'm sorry ma'am,
I'm afraid we are all out of beef steak just now. But we have fish.
Would that be alright?

PAX : Okay.

C/C : Here you are. Enjoy your meal.

Would you care for some wine or something else to drink?

PAX : Coke, please.

※※※

PAX : Beef steak, please.

C/C : I' m sorry sir, but I' m afraid we' ve run out of the steak.
We only have fish available.

PAX : I don' t eat fish.

C/C : I' m sorry, sir. I'll check if there are any steak entrées left in another galley. One moment, please.

.

.

C/C : I am sorry, sir.
I'm afraid we don't have any steak entrées left.
Would you care for some bread and salad instead?

PAX : Yes, please.

C/C : Would you like something to drink?

PAX : Orange juice, please.

C/C : Certainly, sir. Just a moment, please.

.

.

C/C : Sir, here is your bread, salad and orange juice.
Please let me know if you need anything else, sir.

◆ 식사를 더 요청하는 손님

PAX : Excuse me. The Bibimbap was delicious.
Can I have another one?

C/C : I am glad to hear that, sir.
I'll check if there are any Bibimbap still available.
Just a moment, please.

C/C : Sir, here you are.

PAX : Thank you.

C/C : You' re welcome. Please enjoy your meal.

※※※

PAX : Excuse me. The Bibimbap was delicious.
Do you have any more left over?

C/C : I'm glad you like it.
I'll check if there are any Bibimbap still available.
Just a moment, please.

C/C : I' m sorry, sir, but I am afraid we don't have any Bibimbap left.

PAX : That' s okay.

C/C : If you need anything else, please let me know.

◆ 나중에 식사하시고 싶어하는 손님

PAX : I' m not really hungry right now.
Could I have my meal a little later during the flight?

가능할 경우

C/C : Certainly, sir.
Please let us know when you would like to have your meal.
We ask that you request to have your meal at least one hour prior to landing.

짧은 비행시간으로 인해 어려운 경우

C/C : I' m sorry, sir, but we will be landing in about an hour.
I' m afraid we will not have enough time to serve your meal later.
Would you like it now?

PAX : No, that's okay. Never mind.

C/C : Would you care for something to drink?

PAX : No, thank you.

C/C : If you need anything else, please let me know.

◆ Special Meal 서비스

미리 예약한 경우

C/C : Excuse me, sir. Are you Robert Taylor?

PAX : Yes, I am.

C/C : Did you request a kosher meal?

PAX : Yes, I did.

C/C : We have your kosher meal on board.
Just a moment, please.

(kosher meal을 가지고 와서)

C/C : This is the kosher meal you ordered.
Would you prefer to open it yourself?

PAX : Yes, I'd like to.

C/C : Thank you.
Would you like me to heat it up for you?

PAX : Yes, please.

.

.

C/C : Excuse me, sir. Here's your kosher meal.
Would you care for something to drink?

◆ 비행 중 주문하려는 경우

PAX : Excuse me. Could I get a Hindu meal, too?

C/C : I’ m sorry, sir. We don’ t have any extra Hindu meals. To have a special meal you must order it at least 24 hours before departure.

※※※

PAX : Miss, can I have a Low fat meal?

C/C : Did you order it in advance?

PAX : Did I have to?

C/C : I’ m sorry, but I’ m afraid you need to order a Low fat meal at least 24 hours before departure.

◆ 손님이 주문한 Special Meal을 찾는 경우

PAX : Excuse me. I requested a vegetarian meal when I made my reservation.

C/C : I'm sorry, sir. May I have your name, please?

PAX : My name is Tom Jones.

C/C : I’ ll check on your vegetarian meal right away.

탑재 시

C/C : I' m sorry to have kept you waiting, sir.

We are heating up your meal now. It will be ready soon.

.

.

C/C : Here is your vegetarian meal.

Would you like to something to drink?

미탑재 시

C/C : I am very sorry, sir.

We don't have your vegetarian meal on board the aircraft.

There must have been a mistake with your meal order.

Would you like to try one of the meals we are serving or would you like some bread and salad?

PAX : I'll have bread and salad.

C/C : Certainly, sir.

.

.

C/C : Here is your bread and salad, sir.

Again, please accept my apologies.

If you need anything during the flight, please let me know.

※※※

C/C : I'm very sorry, sir.

But your vegetarian meal was not loaded.

If you wouldn' t mind, would you like to try another meal?

Here' s the menu for this flight.

Meal type		설 명	
종교식	Kosher meal	KSML	유대교 율법에 딸 고유 전통의식 치른 후 만들어진 완제품
	Moslem meal	MOML	회교율법에 따라 준비되는 음식. 돼지고기 및 알코올 금지
	Hindu meal	HNML	쇠고기, 돼지고기 사용 금지
채식	Asian vegetarian meal	AVML	인도 채식(유제품 제한적으로 사용한 채식)
	Indian vegetarian meal	IVML	
	Vegetarian oriental meal	VOML	중국 스타일 채식(육류, 유제품, 계란, 뿌리, 구근 채소 금지)
	Vegetarian meal non-dairy	VGML	서양식 채식(육류, 해산물, 유제품, 계란 금지)
	Vegetarian lacto ovo meal	VLML	계란, 유제품 허용. 육류, 생선 금지
	Raw Vegetarian Meal	RVML	조리하지 않은 생채소와 생과일
	Fruit meal	FTML	과일식
건강식	Low calorie meal	LCML	저 칼로리식
	Low cholesterol meal	LCHL	저 콜레스테롤식
	Low protein meal	LPML	저 단백식
	Low fat meal	LFML	저지방식
	Low sodium meal	LSML	저염식
	Low purine meal	PRML	퓨린 제한식
	No lactose meal	NLML	유당 제한식(유당 알러지 승객 용)
	Gluten free meal	GFML	글루텐 제한식
	Liquid diet meal	LIFT	액상 다이어트식
	Bland meal	BLML	연식(유동식)
	High fiber meal	HFML	고 섬유질식
	Diabetic meal	DBML	당뇨식
기타	Seafood meal	SFML	해산물식
	Baby meal	BBML	유아식(2세 미만 유아)
	Child meal	CHML	아동식(12세 이하 어린이)

◆ 식사에 관한 불만사항들

식사가 뜨겁지 않을 때

PAX : I don' t think this meal is hot enough.

C/C : I' m very sorry, ma' am.

Please let me heat it for you again.

One moment, please.

.

.

Excuse me, ma' am. Here is your meal. How is it now?

PAX : Fine. Thank you.

C/C : I' m sorry for the inconvenience. Please enjoy your meal.

식사가 충분히 조리되지 않았을 때

PAX : Excuse me.

This steak isn't cooked well.

C/C : I' m sorry, ma' am. I' ll cook it longer for you.

How would you like your steak, ma'am?

PAX : Medium, please

C/C : Certainly, ma'ma.

Just a moment, please.

.

.

Ma' am, here is your beef steak. How is it now?

PAX : It' s much better. Thank you.

C/C : It' s my pleasure.

Please enjoy your meal.

◆ 커피/차 서비스

커피서비스 승무원

C/C : Would you care for some coffee?

PAX : Yes, please.

C/C : May I have your cup, please?

.

.

Here you are. Please be careful. It' s very hot.

Would you like some sugar or cream with your coffee?

PAX : Yes, please. Thank you.

C/C : Please enjoy your coffee.

※※※

C/C : Would you care for a cup of coffee?

PAX : No, but I' d like some tea, please.

C/C : Certainly, sir. Another cabin crew will be by shortly to serve you tea.

.

.

차 서비스 승무원

C/C : Would you like some tea?

PAX : Yes, please.

C/C : May I have your cup, please?

Here you are. Please be careful, it' s hot.

Would you care for some lemon?

PAX : No, thank you.

C/C : Enjoy your tea.

◆ 회수

C/C : Excuse me, ma'am.

Have you finished your meal?

May I take your meal tray?

※※※

C/C : How was your dinner?

PAX : It was good. Thank you.

C/C : I'm pleased to hear that.

May I take your tray?

※※※

C/C : Did you enjoy your meal?

PAX : Yes, I did.

C/C : Have you finished?

Thank you, sir.

※※※

C/C : Excuse me, sir.

Are you finished with your meal?

PAX : No, I'm not.

C/C : I'm sorry, sir.

Please take your time.

Enjoy your meal.

10

Airline English

Airline English

10

In-flight sales

C/C : Cabin Crew
PAX : Passenger

◆ 면세품 주문받기

C/C : Would you like to purchase any duty-free items?

PAX : Yes, what do you have?

C/C : We have a variety of items including liquor, cosmetics, perfume and other gift items.
Please refer to this catalogue.
If you have any more questions, please let me know.

※※※

C/C : May I take your order for any duty-free items?

PAX : What kind of duty-fee items do you have?

C/C : This catalogue has all the information about our duty-free sales.

※※※

PAX : I'd like to buy some cosmetics.

C/C : Certainly, ma'am.

Please fill out this duty-free order form and give it to a member of the cabin crew.

PAX : How do I fill it out?

C/C : Please write your seat number, name and passport number here.

Then write the quantity of items you would like to order.

◆ 지불방법

PAX : I'd like to order two bottles of the Camus X.O.

C/C : Certainly, ma'am.

Have you filled out a duty-free order form?

PAX : Yes, I have. Here it is.

C/C : How would you like to pay? With cash or a credit card?

PAX : With cash... in U.S. dollars.

C/C : Thank you, ma'am. I will get your order for you right away.

.

.

C/C : Excuse me, ma'am.

Here is your order.

Please double check your order.

It comes to 200 dollars.

PAX : Here' s 200 dollars.

C/C : Thank you, ma' am.

※※※

PAX : Could I have two Dior addict lip experts duo?

C/C : Certainly, ma' am.

Have you filled out a duty-free order form?

PAX : Yes, I have. Here it is.

C/C : Would you like to pay with cash or a credit card?

PAX : With a credit card.

C/C : Is it a Korean credit card?

PAX : Yes.

C/C : May I have your credit card, please?

PAX : Here you are.

C/C : One moment, please.

.

.

C/C : Excuse me, ma' am.

Here is your order two Dior addict lip experts duo.

Is that correct?

PAX : Yes, it is.

C/C : That will be 114,000 won.
Please sign here and write down your passport number.
Here is your credit card and your receipt.

◆ 잔돈 드리기

C/C : Excuse me, sir.
Here is your order, one bottle of Ballantine's 21 years old and two Dior addict lip experts duo.
Is that correct?
PAX : Yes.
C/C : How will you be paying?
PAX : I'll pay in U.S. dollars. How much?
C/C : Certainly, sir. 206 dollars altogether, sir.
PAX : Here' s 220 US dollars.
C/C : Thank you, sir.
Here is your change, 14 dollars.
Is that right, sir?

◆ 잔돈이 없을 때

C/C : I' m sorry, sir, but I don' t have change right now.

I' ll bring your change as soon as possible.
Would that be all right?

PAX : Yes, that' s okay.

.

.

C/C : I' m sorry to have kept you waiting, sir.
Here is your change, 28 dollars. Is that correct?

※※※

C/C : I'm sorry, ma'am, but I still don't have change yet.
Would you mind waiting until we have enough change?

◆ 손님이 기내에서 받지 않는 화폐로 계산하려고 할 때

C/C : Would you like to pay with cash or a credit card?

PAX : With cash ? in Singapore dollars.

C/C : I' m sorry, but I' m afraid we don' t accept Singapore dollars.
We accept Korean won, US dollars, Japanese yen and the Euro.
We also accept major credit cards and traveler' s checks.

◆ Traveler's checks

PAX : Excuse me. Can I use traveler' s checks?

C/C : Certainly, sir.

PAX : Here you are.

C/C : Thank you, sir.

Please countersign the check here and write your name and passport number on the back.

Here is your change, 28 dollars. Is that correct?

◆ 품절 시

C/C : Excuse me, sir.

You ordered a bottle of Ballantine' s, 21 years old.

Is that right?

PAX : Yes, I did.

C/C : I' m sorry sir, but I' m afraid it' s sold out.

Would you care for something else instead?

PAX : No, thank you

C/C : I'm sorry, sir.

※※※

PAX : Excuse me. Could I have a bottle of Ballantine' s, 30 years old?

C/C : I' m sorry sir, but I' m afraid we've run out of Ballantine' s. Would you care for a bottle of Johnnie Walker Blue instead?

PAX : Yes, alright.

C/C : Please fill out this order form.

면세허용량

PAX : Do you know how much whiskey I can take into Korea?

C/C : You' re allowed one liter of liquor or wine duty-free.

※※ ※

PAX : How many bottles of liquor can I bring into the U.S?

C/C : One bottle is permitted tax-free.

PAX : How many cigarettes can I take into the U.S.?

C/C : You' re allowed 1 carton of cigarettes for the U.S.

◆ 환불 요구 손님

PAX : Excuse, me. Can I get a refund on this lipstick?

C/C : Did you buy it on this flight, ma'am?

PAX : Yes, I did. I bought it here.

C/C : Certainly, ma' am. May I have the Item, please?
I' ll get your refund for you right away.
One moment, please.

.

.

C/C : Excuse me, ma' am.
Here' s your refund, 32 dollars. Is that right?

PAX : Excuse me. I'd like to get a refund on this compact powder.

C/C : Did you buy it on this flight, sir?

PAX : No, I didn' t.
I bought it at a duty-free shop at the airport in Los Angeles.

C/C : I' m sorry, sir.
I' m afraid we can only give a refund on items purchased during the flight.

◆ 기내환율

PAX : Can you tell me the exchange rate for dollars?

C/C : Yes, ma'am.

The exchange rate in the cabin is 1,120 won to the dollar.

※※※

PAX : What is the exchange rate?

C/C : The exchange rate in the cabin is 102 yen to the dollar.

11

Airline English

Airline
English

11

Personal Touch

C/C : Cabin Crew
PAX : Passenger

◆ 손님이 술을 많이 마실 때

PAX : I' d like another vodka, please.
C/C : I' m sorry, sir.
I' m afraid I can' t continue serving you alcoholic drinks.
PAX : Why not? I' ve only had three glasses of vodka.
C/C : The effect of alcohol are stronger in the air than on the ground.
Would you care for something else to drink, instead?
We have juice, mineral water, coffee and tea.
PAX : Okay. I' ll have some mineral water.
C/C : I' ll bring your water right away.
Thank you for your understanding.

※※ ※

C/C : Excuse me, sir.
Please remember that alcohol is three times stronger in the air than on the ground.
Would you care for a non-alcoholic drink instead?

◆ 휴대전화 사용하는 손님

C/C : Excuse me, ma'am.
Using a cell-phone is not allowed during the flight.
Would you mind turning it off now, please?
It is for the safe operation of our flight and compliance with aviation law.
Thank you for your cooperation.

◆ 비행모드 휴대전화 (이륙 전)

PAX : I have flight mode on my smart phone.

C/C : I'm sorry, ma'am, but even with flight mode, you can't use your smart phone during take-off and landing.

◆ 비행모드 휴대전화(Approaching Sing 후)

C/C : Excuse me, sir.

Please turn off your smart phone.

Cell phone with flight mode should be off until you deplane.

◆ 화장실에서 담배 피운 손님

C/C : Excuse me, sir.

Please put out the cigarette and step out of the lavatory.

Smoking in the lavatory is prohibited by aviation law.

Please do not smoke again.

If you smoke, we'll have to report you to the captain and the airport police.

◆ 업그레이드 요청 손님

C/C : I' m very sorry, sir.

According to our company policy, cabin crew are not allowed to arrange in-flight upgrades.

To receive an upgrade, you must request it at the check-in

counter before departure.

◆ 기내 난동 손님

C/C : Excuse me, sir.

You are disturbing other passengers.

Would you please stop making noise?

(Would you please calm down?)

Otherwise, we will have to report you to the captain and the airport police.

◆ 몸이 불편한 손님

두통

PAX : Excuse me.

I think I have a headache.

Do you have any medicine for headaches?

C/C : Oh, I'm sorry to hear that, sir.

We have Tylenol for headaches.

Have you tried it before?

PAX : Yes, I have. It was fine. Can I have some?

C/C : Certainly, sir.

Under your full responsibility, we may provide you with this first aid medicine.

PAX : Okay.

C/C : I'll get some Tylenol for you right away. Just a moment, please.

.

.

C/C : Excuse me, sir. Here' s your Tylenol and water.
I hope you feel better soon.

감기

PAX : Excuse me. I'm getting a cold.
Do you have anything for that?

C/C : No, I' m sorry, sir, I' m afraid we don' t.
Would you care for some hot tea with lemon or orange juice instead?

PAX : Hot tea with lemon, please.

C/C : Certainly, sir. Just a moment, please.

.

.

C/C : Here' s your tea.
Please be careful. It's very hot.
I hope you get well soon.

멀미

PAX : Excuse me, I feel like vomiting.

C/C : Here's an airsickness bag.

Please use it if you need to.

Would you like to use the lavatory?

PAX : Yes, please.

C/C : This way, please. Here you are.

.

.

C/C : Are you feeling better?

PAX : Not really. Do you have any medicine?

C/C : Yes, we have Bonaling-A for airsickness.

Under your responsibility, we may provide you with this first aid medicine.

PAX : Okay. Could I have some?

C/C : Have you tried it before?

PAX : No, I haven't.

C/C : Would you like to try it?

PAX : Yes, please.

C/C : Certainly, sir. Just a moment, please.

.

.

C/C : Excuse me, sir. Here you are.

I hope you feel better soon.

.

.

(later)

C/C : How are you feeling, sir?

PAX : A little better, thank you.

C/C : I'm glad to hear that.

Is there anything else I can do for you?

목 아플 때

PAX : Excuse me, do you have any medicine for a sore throat?

C/C : No, I' m sorry, sir, I' m afraid we don' t.

Would you like some hot tea instead?

We have black tea, green tea and jasmine tea.

PAX : Could I have some green tea?

C/C : Certainly, sir.

I' ll bring you some green tea right away.

PAX : Thank you.

.

.

C/C : Here you are.

I hope you get better soon.

소화불량

PAX : Do you have any medicine for indigestion?

C/C : We have Festal, a Korean medicine, for indigestion.

Under your full responsibility, we may provide you with this first aid medicine.

Have you tried it before?

PAX : No, I haven' t. I' d better not take it.

C/C : I' m sorry. We don' t have any other medicine for

indigestion.

If you need anything else, please let me know.

설사

PAX : Do you have anything for diarrhea?

C/C : Yes, we do. We have Loperin for diarrhea.

Under your full responsibility, we may provide you with this first aid medicine.

PAX : Okay.

C/C : Do you have any allergies?

PAX : No, I don' t.

C/C : Certainly, sir. I' ll get that for you right away.

One moment, please.

.

.

C/C : Here's your Loperin and some water.

I hope you'll feel better.

이통

PAX : Excuse me.

The change in cabin pressure has blocked my ears.

Is there anything I can do to clear my ears?

C/C : Do you have a cold?

(감기인 경우)

PAX : Yes.

C/C : Then, try swallowing hard.
Are you all right?

(감기가 아닌 경우)

PAX : No.

C/C : Then, please try holding your nose and blowing out gently with your mouth closed.

PAX : Thank you. That's much better.

C/C : You' re welcome.

화상

PAX : Excuse me. I spilled my hot soup and burned my lap.

C/C : I'll bring you some ice right away.

.

.

C/C : Here you are. Are you all right?

PAX : No, I'm not. It hurts.
Do you have anything for that?

C/C : We have Bentalx gel for burns.
Are you allergic to any medicine?

PAX : No, I'm not.

C/C : Under your full responsibility, we may provide you with this first aid medicine.

PAX : Okay.

C/C : Here you are. I hope you'll feel better.

◆ 비행기 환기 (해당 기종에 한해)

PAX : Excuse me. How do I adjust the ventilation?

C/C : Please turn the knob, ma'am.

◆ 좌석 편의사항 사용법

PAX : How do I adjust the volume?

C/C : Please push this button.

PAX : How do I change channels?

C/C : Please push this button.

PAX : How do I turn off the light?

C/C : Please push this button.

◆ 좌석 등받이 사용법

PAX : Please show me how to recline my seat?

C/C : Just push this button and lean back.

PAX : How do I return my seat to the upright position?

C/C : Please push this button and lean forward.

◆ 비행시간 및 시차

PAX : Excuse me. What time is it in New York?

C/C : It's about 3:20 in the afternoon.

PAX : Is it Monday?

C/C : It's Sunday.

PAX : How long will it be before we get to New York?

C/C : We expect to arrive in about 3 hours and 40 minutes from now.

We'll be landing at about 7 pm local time.

We're now flying on schedule.

PAX : Thank you.

C/C : It's my pleasure. Enjoy your flight.

※※※

PAX : Excuse me. How many more hours to Chicago?

C/C : Today's flight time will be 13 hours and 20 minutes following take-off, sir.

There are 4 hours and 20 minutes remaining.

PAX : What's the time difference between Seoul and Chicago?

C/C : Chicago is 15 hours behind Seoul.

PAX : Thank you.

C/C : You're welcome. Have a nice flight.

※※※

PAX : How much longer will it be before we get to Singapore?

C/C : We expect to arrive in about one hour and 20 minutes.

We'll be arriving approximately 10 minutes ahead of schedule.

PAX : Oh, I see. Thanks.

※※※

PAX : What is the time difference between Bangkok and Seoul?

C/C : Seoul is 2 hours ahead of Bangkok.

PAX : Oh, I see. Thanks.

◆ 도착지연

C/C : We' re very sorry for our delayed landing, sir.

Because of the dense fog over the Hong Kong area,

We' ll be holding for about 40 minutes.

We' ll keep you informed.

Would you like something to drink while waiting?

※※※

C/C : We are sorry, sir. But we are not able to land at the scheduled time of arrival due to dense fog over the Hong

Kong area.

We need to hold for about 40 minutes.

We' ll keep you abreast of the situation.

Would you care for something to drink?

◆기내 온도 조절

PAX : Excuse me. It's hot.

Could you change the cabin temperature?

C/C : I' m sorry, sir, but I' m afraid we can' t regulate the cabin temperature on the ground for technical reasons.

I' ll adjust the temperature right after take-off.

Would you care for a cold drink?

※※※

PAX : Excuse me. It' s really cold in here.

C/C : I' ll raise the cabin temperature.

PAX : Thank you.

C/C : It may take a little while to warm up.

Could I get you a blanket in the meantime?

◆ 화장실

PAX : Where is the restroom?

C/C : You can find it down the aisle.

PAX : Thank you.

※※※

PAX : Can you tell me where the lavatory is?

C/C : Certainly, sir. It's in the back of the cabin on your left.

※※※

PAX : May I use this lavatory?

C/C : I'm sorry, I'm afraid that lavatory is out of order.
Would you like to use the next one, please?

◆ 기내 창문

C/C : Excuse me, ma'am.
Would you mind closing the window shade, please?

PAX : Why would I do that?

C/C : The screen will be hard to see with the window shade open.

12

Airline English

Airline English

12

Landing & Deplaning

C/C : Cabin Crew
PAX : Passenger

헤드폰 회수

C/C : Excuse me, sir. We will be landing soon.
May I take your headphone, please?
PAX : Sure. Here you are.
C/C : Thank you. sir.
Did you enjoy your flight?
PAX : Yes, I did.
C/C : I' m pleased to hear that.

Safety check

C/C : Excuse me, sir. We will be landing soon.

Would you mind fastening your seatbelt, please?

※※※

Would you mind putting your seat upright, please?

※※※

Would you mind closing your tray table, please?

※※※

Would you mind opening the window shade, please?
Thank you.

◆ 복도에 나와 있는 짐

C/C : Excuse me, sir.
Would you mind putting your bag in the overhead bin or under your seat, please?
Thank you.

◆ 복도에 손님이 서 있을 때

C/C : Excuse me, sir. We'll be landing shortly.
Please return to your seat and fasten you seatbelt.
Thank you.

◆ baby bassinet 손님

C/C : Excuse em, ma'am.
May I take down this baby bassinet now?
We will be landing soon.

◆ 10,000피트 방송 후

돌아다니는 손님

C/C : Excuse me, sir.
We are now making our descent under 10,000 feet. Would you mind returning to your seat and fastening your seatbelt, please?
Thank you for your understanding.

◆ 서비스 요청 손님

PAX : Excuse me. Could I get a glass of water?

C/C : I' m sorry, ma'am.

We'll be landing shortly.

Our in-flight service has been discontinued for landing preparation.

Thank you for your understanding.

◆ 착륙 후 비행기 이동시 이동하는 손님

C/C : Excuse me, sir.

Please sit down and fasten you seatbelt.

During aircraft taxiing, all passengers are required to be seated with seatbelts fastened.

Thank you for your understanding.

◆ 하기인사

C/C : Thank you for flying with us.

※※※

Thank you for flying ______ Airlines.

※※※

Thank you and goodbye.

※※※

I hope you have a pleasant stay in Singapore.

※※※

We hope to see you again soon.

※※※

Have a nice stay in New York.

※※※

Enjoy your stay in Bangkok.

부록

Airline English

Airline English

부록

Cabin Announcement

1. Flight No.& Baggage Securing

Ladies and gentlemen,

Welcome to ____________Airlines flight___________bound for__________.
Please check your flight number.
Cell phones with flight mode and other electronic devices should be off at this time.
Also, please keep bags in the overhead bins or under the seat.
Thank you.

2. Passenger Counting

Ladies and gentlemen, we are taking a final count of the number of passengers.
Please be seated at this time.
Thank you.

3. Door close

Ladies and gentlemen, we will depart soon. Please stay seated and fasten your seatbelt. Thank you.

4. Welcome

Ladies and gentlemen, welcome to ___________Airlines flight__________(and______
Airlines flight ________) bound for ___________.
(Delay : We are sorry for the delay because of ____________.
Thank you for your understanding.)

stop-over	* stop over flight Welcome to ________Airlines flight ________(and ______Airlines flight _____) bound for ______via _________. Flying us today is Captain ______, and the cabin service manager is _________. Our flight time to ____will be ____hours and _____ minutes. ~

departing	* crew change Welcome back on board. We are now heading to _______. There has been a crew change here. Flying us today is Captain _______, and the cabin service manage is ______. ~
from stop-over	* joining passenger Welcome back on board, ladies and gentlemen. We would also like to welcome our new passengers joining us from _______. We are now heading to ________. Flying us today is Captain_____, and the cabin manager is ______. ~

Flying us today is Captain _________, and the cabin service manager is _________.

Our flight time will be _______hours and _______minutes.

If you need any assistance, please let us know.

Thank you for flying ________Airlines, a member of the Star Alliance.

We hope you enjoy the flight.

***상황별 인사말**

New year	Happy New Year, Ladies and gentlemen.
Lunar New Year	Ladies and gentlemen, Happy Lunar New Year.
Chuseok	Ladies and gentlemen, Happy Chuseok, Korea's Thanksgiving Day.
Christmas	Merry Christmas, Ladies and gentlemen.
Inaugural flight	Thank you for joining us on our first flight to ______.

5. Passenger Briefing

Ladies and gentlemen, this is the passenger safety briefing.

B737 B767	In an emergency evacuation, there are____exits, ______located in the front, _____in the middle and ______in the rear.
B747/B777 A321/A330	There are ____exits in the aircraft for emergency evacuation.

In case of an emergency evacuation, please follow the emergency lights in the cabin.

Passengers in and emergency exit seat must help others evacuate following the instructions of the cabin crew.

To fasten the seatbelt, insert the metal tong into the buckle and pull the loose end for tightening. to unfasten, lift the metal cover.

In case of cabin decompression, oxygen masks will drop. Pull the mask to you and cover your nose and mouth with the mask, then adjust the head band.

In case of a water landing, a life vest is located under your seat.

To put the vest on, slip it over your head, place the strap around your waist, and fasten. Tighten your vest by pulling down on the strap.

To inflate the vest, pull down on the red tabs. For more air, blow into the tubes on each side of the vest.

Inflate the vest just before exiting.

At this time, please return your seat and tray table upright.
Cell phones with flight mode and other electronic devices should be off.
Please note smoking is not permitted during the flight.

Thank you.

6. Take-off

Ladies and gentlemen, we will take off soon. Please fasten your seatbelt.
Thank you.

7. Seatbelt sign off (General)

Ladies and gentlemen,
the seatbelt sign is off. However, in case of turbulence, please

keep your seatbelt fasten. Also, smoking is not permitted. When opening the overhead bins, be careful of bags that may fall out and injure you or other passengers. If you need help with the overhead bins, please let us know. Soon, you can enjoy the entertainment program.

8. Seatbelt sign off (Service plan) & Duty-Free Sales

Ladies and gentlemen, we may experience some unexpected turbulence during the flight.

Please fasten your seatbelt while you are seated. Also, smoking is not permitted. when opening the overhead bins, be careful of bags that may fall out and injure you or other passengers. If you need help with the overhead bins, please let us know.
Passengers who would like to buy duty-free items, please fill out the order form. If you ordered duty-free items pre-flight, please let us know. Passengers transiting need to check the 'in-transit' box on the order form. For more information on carry liquid items on board, please refer to the in-flight shopping magazine. Items not on this flight cab be pre-ordered for your next flight. (If necessary : We now accept Chinese Yuan for duty-free purchases. Currency of 10 Yuan notes and larger are accepted.)
Thank you.

9. Service Plan

Ladies and gentlemen, this is your cabin service manager ___________.

I would like to inform you of our service today.

with IVS

At this time, you can use the entertainment system.

AVOD	All programs are available during the flight.
Channel	The movies will play every ___hour(s) and _____minutes.

Soon, we will serve drinks (and meals).

Following the meal, duty-free items will be on sale.

without IVS

Soon, we will serve drinks (and meals).

Following the meal, duty-free items will be on sale. Also, we will show (a) movie(s) (and some short progrms).

We will serve drinks (and meals) ___hour(s) and _____minutes before landing.

If you need any assistance, please let us know.

we hope you enjoy the flight.

10. Duty-free sales : General

Ladies and gentlemen,

we will begin the sale of duty-free items.

(A321/A320, Round meal loading route of B767)
Please refer to page ________of the in-flight shopping magazine.

If you would like to buy duty-free items, please fill out the order form.

Passengers who ordered duty-free items pre-flight, please let us know.

(Bound-for Korea) passengers bound for PUS via ICN and transiting to international flights need to check the 'in-transit' box on the order form. Duty-free liquid items must be kept inside a tamper-evident bag with receipts.
(Bound-for other countries except Korea) Passengers transiting to other flights need to check the 'in-transit' box on the order form.

For more information on carrying liquid items on board, please refer to the in-flight shopping magazine. Also, items not on this flight can be pre-ordered for your next flight. (If necessary : We now accept Chinese Yuan for duty-free purchases. Currency of 10 Yuan notes and larger are accepted.)
Thank you.

11. Duty-Free sales : Stop Selling Items

Ladies and gentlemen, to prepare for landing, we will close the sale of duty-free items.
(If necessary : Because of the short flight time, duty-free items

you have ordered may not be on this flight.)

We appreciate your understanding.

Thank you.

12. Showing Video Program/Movie

Ladies and gentlemen,

News
we will show _____news from (month/date) and ______news from(month/date). Please go to channel_____for English or ______for Korean. (Mono language program) _________news only in Korean(English/Japanese) with _________subtitles.
Movie/ Short subject we will show the movie(s) (a short video program) ________(and _________). Please go to channel ______for English or ______for Korean.

We hope you enjoy the program.

Thank you.

13. Wake-Up

Ladies and gentlemen,

we hope you had a good rest. We will soon serve drinks (and meals).

(If necessary : During the meal, please return your seat back upright.)

We have _____hour(s) and ________minutes until landing.

The time in _______is now _______(am/pm).

Thank you.

14-1. Documentation : Korea

Ladies and gentlemen, for entering into Korea, all passengers except Korean citizens and residents need to fill out the entry card.

Each passenger needs to fill out the customs card. Only 1 card is needed for each family. Passengers with bags arriving on another aircraft or by ship need to fill out two customs cards.

To prevent diseases coming into Korea, passengers are prohibited to bring any kind of plant, meat or marine product.

> (When the heath questionnaire in needed)
> To prevent cholera, please check on the health questionnaire if you have had diarrhea, vomiting, stomach pain or fever.

Passengers engaged in the livestock industry, please submit the customs card to the immigration counter and make a declaration to the quarantine office after claiming your baggage.

(If necessary : For your information, our flight number is ________ and the arrival date is _______(Month/date). Please refer to page _____of the ___________ magazine to fill out in the documents.)

Thank you.

14-2. Documentation : Australia

Ladies and gentlemen, for entry into Australia, please fill out the incoming passenger card. Food, animal or plant products must be declared or discarded into the bins before customs. Bags will be X-ray at customs. False statements may result in fines or legal action.

(If necessary : For your information, our flight number is _________ and the arrival date is _______(Month/date).

Thank you.

14-3. Documentation : Cambodia

Ladies and gentlemen, for entry into Cambodia, please fill out the entry and customs card.

(If necessary : For your information, our flight number is _________ and the arrival date is _______(Month/date).

Thank you.

14-4. Documentation : U.S.A

Ladies and gentlemen, for entry into the United States, all passengers need to fill out the customs card. Only 1 customs card is needed for each family. Passengers with more than 10,000 U.S. dollars, or the equivalent, or with fruit, plant or meat products, must declare these items on the customs card.
(If necessary : For your information, our flight number is _________ and the arrival date is ________(Month/date).
Thank you.

15. Headphone Handling

Ladies and gentlemen, we will now some informational videos.

Please put your headphones in the seat pocket. The cabin crew will collect your headphones for landing.

Thank you for your cooperation.

16. 10,000FT. Sign On

Ladies and gentlemen, we will soon land at ___________airport. Please stay seated and fasten your seatbelt. Return your seat back, (leg rest) and tray table upright and open the window shade.

(If necessary : Also, put back the video monitor and handset.)

Please put bags in the overhead bins, or under the seat. Cell phones with flight mode and other electronic devices should be off until you deplane.

Stop Service	To prepare for landing, drink service (the in-flight service /the sale of duty-free items)has ended.
Unable to serve	Because of the turbulence, we were unable to serve(the meal/drink).
Military Airport only	(if applicable) We would like to note that taking photographs is not allowed at _________airport.

Thank you(for your understanding).

17-1. Transit -Incheon

Ladies and gentlemen, for passengers transiting to international flights, please see the airport service staff.

Your bags will be sent directly to your next flight. Passengers with a domestic flight please pick up your checked bags and go to customs here in Incheon. Then please go to the Domestic

Check-in Counter either at Incheon International Airport or at Gimpo International Airport.
Thank you.

17-2. Transit - U.S.A

Ladies and gentlemen, passengers with a connecting flight to the United States or Canada, please pick up your checked bags and go to customs here in ___________ before your next flight.
We have a check-in counter at this airport.
Thank you.

18. Landing

Ladies and gentlemen, we will be land soon. Please check your seatbelt is fastened.
Thank you.

19-1. Farewell : General

Ladies and gentlemen, welcome to _____________airport.
The time here in _______ is _________(am/pm) on (day/month/date).

(Delay : We are sorry for the delay because of ______________.)

When opening the overhead bins, be careful of bags that may fall out.

Thank you for flying ____________ Airlines, a member of Star Alliance.

We hope to see you again soon.

19-2. Farewell : Stopover

Ladies and gentlemen, welcome to _____________airport.

The time here in _______ is _________(am/pm) on (day/month/date).

(Delay : We are sorry for the delay because of ______________.)

When opening the overhead bins, be careful of bags that may fall out.

Passenger deplane
(Passengers going to _________), please take your bags with you and wait in the transit lounge. We will be in the lounge for about _____ minutes.
Passenger in aircraft
Passengers going to _________, please stay in the aircraft. We will leave in about __________minutes(hours).
Crew change
There is a crew change here in _________. Please enjoy the rest of your flight.

20. Deplane

Ladies and gentlemen, you may now deplane through the front (and rear) door.

Please check you have left no items in the seat pocket or under the seat.

Step-car Choose 1	Because of airport conditions, you will need to use the step-car to deplane. Please watch your step.
	Because of airport conditions, you will need to use the step-car to deplane and walk to the terminal. Please watch your step.

Thank you and good-bye

21. Paging

May we have you attention, please?

Passenger	Would Mr.(Mrs./Miss)_______, Mr(Mrs./Miss)_______, please contact a cabin crew member. Thank you.
Doctor/ Nurse	We have a very sick passenger. If you are a doctor or have medical training,
item lost	A _____was found in the cabin (at the gate/ in the lavatory/ at the security counter/ at the airport). If it is yours,
Item Found	A passengers has lost a/an _______(in the lavatory/ in the cabin). If you have found it,

please let us know. Thank you.

부록

약어

1. ALPHABET READING

A : ALPHA	B : BRAVO	C : CHARLIE
D : DELTA	E : ECHO	F : FOX
G : GOLF	H : HOTEL	I : INDIA
J : JULIET	K : KILO	L : LIMA
M : MIKE	N : NOVEMBER	O : OSCAR
P : PAPA	Q : QUEBEC	R : ROMEO
S : SIERRA	T : TANGO	U : UNIFORM
V : VICTOR	W : WHISKEY	X : X-RAY
Y : YANKEE	Z : ZULU	

2. 항공사 코드

AIRLINE	3LETTER CODE	2LETTER CODE	AIRLINE	3LETTER CODE	2LETTER CODE
가루다인도네시아항공	GIA	GA	중국국제항공	CCA	CA
노스웨스트항공	NWA	NW	중국남방항공	CSN	CZ
대한항공	KAL	KE	중국동방항공	CES	MU
델타항공	DAL	DL	중화항공	CAL	CI
루프트한자항공	DLH	LH	카타르항공	QTR	QR
말레이시아항공	MAS	MH	콴타스항공	QFA	QF
싱가포르항공	SIA	SQ	캐세이퍼시픽항공	CPA	CX
아시아나항공	AAR	OZ	KLM네덜란드항공	KLM	KL
에미레이트항공	UAE	EK	타이항공	THA	TG
에어캐나다	ACA	AC	터키항공	THY	TK
에어프랑스	AFR	AF	이스타항공	ESR	ZE
유나이티드항공	UAL	UA	에어부산	ABL	BX
이란항공	IRA	IR	진에어	JNA	LJ
일본항공	JAL	JL	제주항공	JJA	7C
전일본공수	ANA	NH	티웨이항공	TWB	TW

3. 국내 코드

도시명	코드	도시명	코드	도시명	코드
인천	ICN	강릉	KAG	청주	CJJ
군산	KUV	제주	CJU	속초	SHO
김포(공항)	GMP	무안	MWX	서울	SEL
진주	HIN	양양	YNY	포항	KPO
예천	YEC	광주	KWJ	원주	WJU
목포	MPK	울산	USN	부산	PUS
대구	TAE	여수	RSU		

4. 세계 코드

⊙ 일본

도시명	코드	도시명	코드	도시명	코드
아사히카와	AKJ	고마츠	KMQ	후쿠시마	FKS
하코다테	HKD	후쿠오카	FUK	가고시마	KOJ
히로시마	HIJ	삿포로	CTS	하네다	HND
오이타	OIT	오사카	KIX	요나고	YGJ
미야자키	KMI	토야마	TOY	구마모토	KMJ
타카마츠	TAK	마츠야마	MYJ	센다이	SDJ
나고야	NGO	오키나와	OKA	나리타	NRT

⊙ 중국

도시명	코드	도시명	코드	도시명	코드
광쩌우	CAN	선양	SHE	장춘	CGQ
연대	YNT	충칭	CKG	옌지	YNJ
창사	CSX	시안	XIY	청두	CTU
웨이하이	WEH	대련	DLC	천진	TSN
하이난	HAK	청도	TAO	항저우	HGH
심천	SZX	홍콩	HKG	심양	SHE
하얼빈	HRB	상해(홍차오)	SHA	구이린	KWL
상해(푸동)	PVG	난징	NKG	북경	PEK

⊙ 동남아

도시명	코드	도시명	코드	도시명	코드
방콕	BKK	자카르타	CGK	코타키나발루	BKI
뭄바이	BOM	세부	CEB	타이페이	TPE
클라크	CRK	사이판	SPN	뉴델리	DEL
싱가포르	SIN	하노이	HAN	호치민	SGN
푸껫	HKT	씨엠립	REP	마닐라	MNL
양곤	RGN	프놈펜	PNH		

⊙ 미주

도시명	코드	도시명	코드	도시명	코드
로스앤젤레스	LAX	호놀룰루	HNL	뉴욕	JFK
앵커리지	ANC	시카고	ORD	애틀랜타	ATL
시애틀	SEA	필라델피아	PHL	샌프란시스코	SFO
보스턴	BOS	워싱턴	IAD	댈러스	DFW
밴쿠버	YVR	토론토	YYZ		

⊙ 유럽/대양주

도시명	코드	도시명	코드	도시명	코드
파리	CDG	뮌헨	MUC	프랑크푸르트	FRA
암스테르담	AMS	런던	LHR	마드리드	MAD
브뤼셀	BRU	비엔나	VIE	로마	FCO
프라하	PRG	취리히	ZRH	이스탄불	IST
시드니	SYD	케언스	CNS		

6. 항공용어

- S.H.R – Special Handling Request
- FLT – flight
- PUSH BACK– Using towing car, aircraft to be moved backwards.
- TOWING CAR – A car towing the aircraft.
- RAMP OUT – Aircraft departing at the airport.
- RAMP IN – Aircraft arriving at the airport.
- TAXING – Moving slowly to get ready for Take–off.
- APPROACHING – Aircraft is just about to land.
- AFTER FLT CHK – Checking the cabin after the flight.
- UP–GRADE – Moving passengers to next class of service with authorization.
- GIVE AWAY – Special complimentary items for passengers.
- FERRY FLT – Operation of flight without passengers.
- UM – Unaccompanied Minor
- RPA PASSENGER – Restricted passenger advice
- VIP – Very Important person
- CIP – Commercially important person
- GO SHOW – Passenger shows up at the counter without a reservation on the same day of the flight.
- NO SHOW – Passenger with reservation didn't show up for departure.
- RECONFIRM – Double–check reservation within 72hours
- OVER BOOKING – More seats booked than available on aircraft
- PNR – Passenger name record
- PNL – Passenger name list
- BLOCK TIME – Total time from ramp out to ramp in
- I.A.T.A – International Air Transport Association
- I.C.A.O – International Civil Aviation Organization
- E.T.D – Estimated time of departure
- E.T.A – Estimated time of arrival

- A.T.D – Actual time of departure
- A.T.A – Actual time of arrival
- S.T.D – Scheduled time of departure
- S.T.A – Scheduled time of arrival
- SPML – Special meal
- S.S.R – Special Service Request
- O.S.I – Other Service information
- FWD – Forward
- MID – Middle
- AFT – After
- SKD – Schedule
- CHG – Change
- CT – Contact
- CHYR – Charter
- EFF – Effective
- FOC – Free of Charge
- SUBLO – Subject to load
- NOSUBLO – Not Subject to load
- STCR – Stretcher
- GRP – Group
- WCHR – Wheelchair
- LCL – Local
- NIL – None
- C. I. Q – Customs/ Immigration / Quarantine
- IRR – Irregular
- TIM – Travel Information Manual

참고문헌

◆아시아나항공 E/Y 영어교재

◆아시아나항공 B/C 영어교재

◆아시아나항공 F/C 영어교재

◆아시아나항공 기내방송문

◆대한항공 신입전문훈련 교재

◆아시아나항공 홈페이지

◆대한항공 홈페이지

저/자/약/력

박인혜

– 주요학력

- 경기대학교 서비스경영전문대학원 서비스창업 및 컨설팅경영학과 석사졸업
- 경기대학교 서비스경영전문대학원 서비스창업 및 컨설팅경영학과 박사과정

– 주요경력

- 아시아나항공 캐빈 승무원
- 아시아나항공 캐빈 서비스개발팀(기내서비스용품 개발)
- 경기대학교 서비스경영전문대학원 최우수학업상 (총장상)
- 수원과학대학, 한서대학교, 호원대학교 강사
- 현) 광주여자대학교 항공서비스학과 교수

– 담당과목

- 항공운항과 안전, 객실업무론, 식음료 실무

최진주

– 주요학력

- 세종대학교 관광대학원 호텔경영 석사
- 세종대학교 일반대학원 호텔관광경영 박사과정

– 주요경력

- 아시아나 항공 부사무장
- 일본 ANA항공 교환승무원
- 중앙대학교 와인 컨설턴트 과정 수료
- 한림성심대학교 강사
- 전) 승무원 면접 컨설팅 대표
- 현) 광주여자대학교 항공서비스학과 교수

– 담당과목

- 스피치&프리젠테이션
- 기내서비스 실무
- 식음료 실무

– 주요저서

- 승무원 영어인터뷰 (2010)
- 필수 항공 일본어 (2012)

항공영어의 모든것

2013년 8월 14일 초판 발행
2015년 9월 10일 3쇄 발행

저 자 : 박인혜, 최진주
발행인 : 이재훈
발행처 : ***새로미***
기획 · 편집 : 한윤서
서울시 강서구 월정로 30길 69
TEL : (02)523-5903~4
FAX : (02)2693-2437
등록번호 : 제22-2406호
www.seromi.kr
ISBN : 978-89-6476-124-3
가격 : 15,000원

도서출판 새로미